édito

à la limite

Au long cours

« Festina lente ! Hâte-toi lentement ! » On connaît l'adage dont l'empereur Auguste fit sa devise. Depuis, c'est devenu une marque d'horlogerie hors de prix. Le sens de l'histoire sans doute, qui n'en finit pas de courir contre la montre. Course au profit, au pouvoir, au progrès : « la vitesse est devenue notre milieu » (Paul Virilio), l'accélération notre seul horizon. Nous dévalons la pente, tout schuss, ivres de voler dans le vent, et de glisser sans frein. Sauf que « se précipiter », ce n'est pas seulement accélérer démesurément, plus qu'il ne faudrait. C'est d'abord, littéralement, foncer tête baissée, se jeter la tête la première. Quitte à s'écraser au fond du précipice.

Notre agitation contemporaine est bien loin du mouvement tranquille prôné par Auguste. La devise des gesticulateurs qui nous gouvernent serait plutôt « Traîne-toi plus vite ! ». Les oligarques passent, mais le système qu›ils dirigent n›en finit pas de mourir. On saute de meeting en meeting, d'avion en avion, de discours fracassants en tweets lapidaires, mais au fond rien ne change. Les bulldozers menacent encore les prairies pâturées de Notre-Dame des Landes, la centrale nucléaire de Fessenheim n'est toujours pas fermée, le PIB reste aux commandes.

Nous savons tous, nous sentons bien, que notre modèle n'est pas viable, mais nous préférons l'aveuglement à l'alternative, l'obstination au changement de cap. Le court-terme fait du surplace, notre fuite en avant se mord la queue. Nous tournons sur nous-mêmes, frénétiquement, pour nous donner des frissons révolutionnaires, mais rien de profond, ni de durable, n'advient. Happés par la logique des flux, nous sommes moins en marche qu'en transe.

Rien de bien nouveau sous le soleil, d'ailleurs, chez notre nouveau pharaon : devant la pyramide du Louvre, quarante ans de marketing nous contemplaient, et l'on ne renouait avec une partie de l'histoire de France que pour mieux gouverner par ordonnances. Dans un « souci de rapidité », bien sûr. Efficacité, fluidité, flexibilité, et que ça saute ! Qu'importe les dommages collatéraux, sociaux, démocratiques, tant que le marché marche... Le temps des échanges, où les capitaux circulent à toute vitesse sur les écrans des traders, est bien éloigné du temps de l'usage, où s'abîment les objets, la nature et les hommes. Entre l'immobilisme et la fébrilité, la table rase et l'inertie, il nous revient, dès lors, de trouver un juste milieu : une maturation organique, comme une montée de sève permanente. Ici et maintenant.

Hâtons-nous de décroître lentement pour ne pas rapidement sombrer. Hâtons-nous de nous enraciner en profondeur pour ne pas nous noyer en surface. Hâtons-nous de retrouver le temps pour ne pas le dilapider. Avec vous, *Limite* continuera à tracer sa route, pas à pas, pour incarner, à temps et à contre-temps, une conversion écologique faite de prudence et de radicalité, d'espérance et de lucidité. Soyons patients, ménageons notre monture : notre aventure est au long cours. Pour ne céder ni à l'abattement ni au cynisme, gardons en mémoire le conseil de Boileau : « *Hâtez-vous lentement et sans perdre courage / Vingt fois sur le métier remettez votre ouvrage !* ». Forts de cette leçon, nous nous attelons dès à présent au prochain numéro, pour une rentrée pleine de surprises. D'ici là, bon été et prenez le temps de vivre ! ●

sommaire

magazine

politique

social

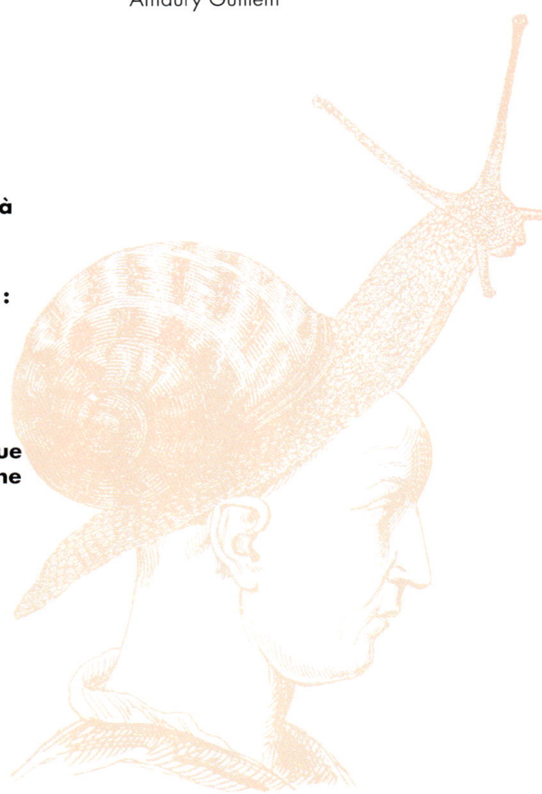

dossier

culture

OURS

CONSEIL DE RÉDACTION
Fabrice Hadjadj • Jacques de Guillebon • Luc Richard • Association ASCAGNE

DIRECTEUR DE PUBLICATION
Paul PICCARRETA

DIRECTEUR DE LA RÉDACTION
Paul PICCARRETA

DIRECTEUR ADJOINT
Gaultier BÈS

POLITIQUE
Eugénie BASTIÉ

CULTURE
Camille DALMAS

SOCIÉTÉ ET WEB
Grégoire DEHERR

ASSISTANTE DE DIRECTION
Salomé BLONDEAU

MEMBRES DE LA RÉDACTION
Ludovic ALIDOVITCH • Ludivine BÉNARD • Emmanuel CASAJUS • Paul COLRAT • Yrieix DENIS • Marianne DURANO • Max Erwan GASTINEAU • Foucauld GIULIANI • Joseph GYNT • Johannes HERRMANN • Mahaut HERRMANN • Mayeul JAMIN • Eléonore DE NOÜEL-LAURENT OTTAVI • Charles VAUGIRARD • Kévin VICTOIRE

ONT COLLABORÉ À CE NUMÉRO
Julien AURIACH • Antoine BERGER • Anne COFFINIER • Violaine DES COURIÈRES • Marc DEKEISTER • Sœur Dominique- Guillaume DUBACH • Marcel GAUCHET • Amaury GUILLEM • Jérôme GUILLEVIC • Charles HERVÉ-GUYER • Anne LÉCU-Natacha POLONY- Yoen QIAN • Yvon RONTARD • Laurent-Geoffroy SAILLARD • Monastère de Solan • Robin TOUILLON • Ambroise TOURNYOL DUCLOS

DIRECTION ARTISTIQUE
Nicolas PINET

CORRECTIONS
Pierre CHAUSSE • Iris THIRIET • Timothée DE MARLIAVE

GRAPHISME
Camille PATUREAU

ILLUSTRATEURS
Sarah-Louise BARBETT • Marie-Anne BEZON • Victor CARPENTIER • Guillaume DELOIZON • Charlotte GUITARD • Maylis MAURIN • Nicolas PINET

Site internet : *revuelimite.fr*

Nous écrire : *redaction@revuelimite.fr*

Association Limite,
10 rue Charles Divry 75014 Paris
Abonnements : Première Partie, abonnements Limite,
60 rue de Rome 75008 Paris

Imprimé en France par les Imprimerie de Champagne
ZI les franchises 52200 LANGRES

Le temps des cerises

Par
Fabrice HADJADJ
Philosophe, directeur de l'*Institut Philanthropos*.
Conseiller éditorial de *Limite*

1.

Qu'est-ce donc que le temps ? Si personne ne me le demande, je le sais ; si je cherche à l'expliquer à celui qui m'interroge, je cite saint Augustin… Ce qui nous rappelle le caractère fondamental de la mémoire à une époque focalisée sur le futur et l'instant présent (ces derniers sont intimement connectés dans l'appareil technologique : son futurisme a pour but de tout rendre immédiatement disponible, si bien que son progrès est de réaliser notre régression totale dans une instantanéité satisfaite, qui abolit la mémoire et le désir).

Les adeptes du moment présent, en vérité, se souviennent, par exemple de la recommandation qu'ils ont lue plusieurs mois en arrière dans le « guide d'éveil » que M. Ekhart Tolle a écrit en songeant à tous ses lecteurs futurs. Et les progressistes sont obligés de confesser leur nostalgie du XVIIIe siècle, de Trotsky ou d'un séjour à Las Vegas.

2.

Je me souviens donc avec Augustin que « le temps est une distension de l'âme ». Il dépendrait d'abord de notre intentionnalité. Certains disent aujourd'hui qu'il faut ralentir : rien ne ralentit plus le temps que la souffrance. Plus on est dans la douleur, plus on est impatient d'en sortir, et plus la seconde s'étire en nous écartelant. Ainsi le meilleur moyen d'avoir une vie très longue est de subir la torture, ou de s'ennuyer comme un rat mort. Mais je ne suis pas sûr qu'un tel ralentissement et une telle longévité soient convoités de tous.

À l'inverse, ce qui nous réjouit passe trop vite, ce qui nous captive nous libère trop tôt. Une heure en compagnie votre bien-aimée est affreusement plus courte qu'une heure avec votre contrôleur des impôts. Bref, plus on a envie que ça dure, plus ça s'écoule rapidement. On pourrait en déduire que celui qui a inventé le temps est un monstre de cruauté – Kronos qui dévore ses enfants. Et qui les dévore d'autant plus goulûment qu'il leur procure du plaisir. Quelle perversité ! Heureusement qu'on se lasse, donc, et qu'il faut se remettre à peiner… Mais là encore je ne suis pas certain qu'une telle accélération du temps, celle de la joie, soit à ce point redoutable.

3.

La consistance du temps ne relève pas que de la subjectivité. Notre intentionnalité est conditionnée par notre environnement. Distension de l'âme, elle est liée au rythme des choses. Aussi Aristote définit-il le temps comme « mesure du changement » : la temporalité se perçoit aussi en fonction d'une réalité objective dont le changement sert de référence. Par exemple la révolution du soleil autour de la terre, sa course depuis son lever jusqu'à son coucher, qui, divisée en douze parties, définissent les heures du jour.

Je sais que des esprits soi-disant scientifiques m'objecteront que ce n'est pas le soleil qui se meut ainsi, mais la terre qui tourne sur elle-même. Cependant, comme nous n'avons pas de perception sensible de la terre qui tourne sur elle-même, ceux qui parlent de la sorte ne savent pas ce qu'ils disent : pour leur mesure du temps, ils ne prennent pas vraiment la terre en considération, mais leur montre, ce qui n'est pas exactement la même chose. Attachés à ses chiffres, ils oublient ce qui leur saute aux yeux. On peut d'ailleurs penser que c'est le perfectionnement des horloges qui a permis la fameuse révolution copernicienne : nous n'avions plus besoin de regarder le soleil pour savoir l'heure, sa courbe dans le ciel pouvait n'être plus qu'une erreur de perspective.

La montre fait que les luminaires célestes ne montrent plus le temps. L'électricité éclaire la nuit comme le jour. Les transports réfrigérés et la grande distribution déclarent l'indépendance à l'égard des saisons et de la durée réelle de l'élevage (les cerises sont disponibles en décembre, et le poulet en cuisses répond immédiatement à l'appel du rayon volaille). L'Internet projette un flux continu d'informations en provenance de tous les fuseaux horaires, et ceux de Shanghaï ou de New York sont pour le trader plus signifiants que celui où son corps se situe (ses écrans perdraient leur lisibilité au grand soleil : ils brillent d'autant mieux dans la nuit)... Le temps de référence n'est plus cosmique, ou, pour le dire plus précisément, puisque notre rapport au monde est toujours médiatisé par une technique, ce temps n'est plus agraire, mais technologico-financier.

4.

Dans cet éloignement du tempo des choses vivantes (en ce sens, on peut dire que la « croissance » aboutit au refus du temps nécessaire à toute vraie croissance), la perte du rythme des saisons est peut-être moins grave que la perte de la suite des générations. Dans le premier cas, on s'écarte d'un cycle, et donc de ce que nous avons en commun avec les autres animaux ; dans le second, on s'arrache à l'histoire, et donc à ce que nous avons de spécifique.

Pour Heidegger, la temporalité proprement humaine se déploie comme être-vers-la-mort : conscient que je vais mourir, même quand tout va bien – et surtout quand tout va bien, car alors monte en moi l'angoisse de perdre ce à quoi je tiens tant – toute action reçoit sa mesure ou bien de ce qu'elle fuit devant la mort, ou bien de ce qu'elle part à sa rencontre. Le divertissement et le suicide sont fuites devant la mort, surtout ce dernier puisqu'il refuse la mort comme passivité radicale, et tente de la ramener dans le champ de mon pouvoir. L'attention et le don sont accueils de la mort, puisque, sachant qu'elle me condamne à tout laisser, je peux commencer à tout donner dès à présent.

Lévinas va plus loin en suggérant que la seule mort qui n'est pas meurtre est celle du patriarche, celui qui donne la vie, ménage une place à ces autres qui appartiennent à un autre temps, ceux de la génération suivante. La temporalité humaine est plus essentiellement être-pour-la-naissance. Et c'est pourquoi elle est espérance et responsabilité, patience et pardon : « Le temps discontinu de la fécondité rend possible une jeunesse absolue et un recommencement ; tout en laissant au recommencement une relation avec le passé recommencé, dans un retour libre [...]. Ce recommencement de l'instant, ce triomphe du temps de la fécondité sur le devenir de l'être mortel et vieillissant, est un pardon – l'œuvre même du temps. »

Le nouveau-né d'aujourd'hui est en l'espèce le même que celui de la préhistoire : il jouera avec des cailloux, recommencera les dessins du primitif, balbutiera aussi bien - peut-être un peu moins bien - que le bébé Cro-Magnon. Et, en même temps, il est un commencement radical, un « heureux événement », parce que c'est l'avènement d'un nouveau sujet, et non d'un nouvel objet. — Or il est évident qu'à cette généa-logique de la naissance, nous avons substitué une techno-logique de l'innovation. Nous nous focalisons sur une nouveauté sans renouvellement, qui n'assume pas le passé, le rejette dans l'obsolescence et concerne des machines, non des vivants. Ce qui était mystérieusement conçu dans le sein, le plus ancien et le neuf, pouvoir en nous dépassant nos pouvoirs, est abandonné au profit de ce qui est programmatiquement conçu dans la tête, le plus récent et le plus jetable, pouvoir nôtre cherchant à se dépasser lui-même par lui-même, et par là se disloquant. Dès lors, nous perdons « l'œuvre du temps ». La discontinuité de la procréation (c'est-à-dire le fait d'avoir engendré une autre destinée que la nôtre, et qui nous considère tantôt comme un vieux sage, tantôt comme un vieux con, sans jamais trouver l'équilibre) est remplacée par la continuité d'une construction. Cette construction, en tant qu'elle innove, est dite « disruptive », mais sa disruption n'opère qu'à l'intérieur d'un système qui n'inaugure pas une nouvelle destinée, mais enferme davantage dans le destin technocapitaliste.

5.

Remember that time is money, dit le célèbre inventeur du paratonnerre qui ne nous a pas préservé de la foudre de cette sentence (sentence qui d'ailleurs affirme encore, sans s'en apercevoir, la primauté de la mémoire - Remember ! - et donc le caractère secondaire de l'argent). On a beaucoup dit depuis Bergson que les sciences modernes, avec leurs mises en équation qui ne voient que l'aspect réversible et prévisible des faits, étaient la cause d'un oubli du temps en tant qu'irréversible et imprévisible, c'est-à-dire de la temporalité dans son double mouvement d'héritage et d'événement. Mais il ne faudrait pas sous-estimer ici le rôle de la monnaie et du salariat.

Quand le travail n'est plus tourné vers une œuvre, quand il n'a plus pour mesure les rythmes de la nature et les exigences du matériau, quand il vise seulement un salaire, alors son temps n'est plus celui d'une maturation, mais de l'obtention d'une paye. Avec celle-ci, on peut se payer des choses dont on n'éprouve pas le temps réel de production, mais qui se livrent à nous le temps du passage à la caisse. Le monde du salariat et de la consommation se partage entre le temps interminable d'un boulot à la con et l'acquisition sans délai d'une marchandise à la mode. On attend sa paye puis l'on se

Quand le travail n'est plus tourné vers une œuvre, quand il n'a plus pour mesure les rythmes de la nature et les exigences du matériau, quand il vise seulement un salaire, alors son temps n'est plus celui d'une maturation, mais de l'obtention d'une paye

paye du « bon temps » (temps dénué de sens, résigné à ne pas avoir de mémoire ni d'espérance).

Ce temps « out of joint » fait de nous des schizophrènes, toujours frustrés et toujours gavés, toujours révoltés et toujours soumis. En lui, nous sommes à la fois des Sisyphe avec son rocher et des Aladin avec son génie, pris entre la perpétuité infernale d'un travail sans œuvre et le plaisir magique d'une obtention sans désir. — Notons au passage que l'accélération technologique, qui n'est pas la fluidité de la vraie joie, cultive en nous l'impatience, et donc un sentiment de blocage du temps : la lampe d'Aladin se change en rocher de Sisyphe, soit parce qu'elle banalise l'abondance, soit parce que le moindre petit retard - lorsque l'ordinateur rame, lorsque la demoiselle résiste - nous devient insupportable.

6.

Nous avons perdu le temps des cerises (au propre comme au figuré – celles qui sont dans les arbres et celles qui sont dans nos culottes, principes de fécondité qu'on appelle aussi couramment « petits témoins »). La chanson éponyme, écrite par Jean-Baptiste Clément, s'inscrit, on le sait, dans le répertoire des socialistes communards. Elle fut pourtant écrite en 1868, trois années avant la Commune de Paris. Il s'agissait au départ d'une simple chanson d'amour, évoquant l'été qui bientôt s'en va (l'été qui a été).

Comment s'est opéré ce passage de la rengaine amoureuse à la chanson engagée, de la romance nostalgique à l'appel révolutionnaire ? Ce fut l'œuvre du temps, justement. Du fait de l'implication de Clément dans les événements de la Commune, l'imagerie des paroles a permis un déplacement rétrospectif des métaphores. La « plaie ouverte », due à cette jeune femme connue durant les vacances, provient désormais des fusils des Versaillais. Par effet de paronymie, « évitez les belles » s'entend comme « évitez les balles ». Les cerises ne sont plus que les blessures que ces balles ont causées.

Il est à craindre que ce soit effectivement les dernières cerises qui nous restent. Surtout quand on les consomme en décembre. •

ÉCOLE : SE PRIVER DU PUBLIC ?

ANNE COFFINIER

Propos recueillis par Paul PICCARRETA
Illustration de Maylis MAURIN

Anne Coffinier nous reçoit dans les locaux de la Fondation pour l'École, situés à Montmartre, dans le XVIIIe arrondissement de Paris. Reconnue d'utilité publique depuis 2008, la fondation a aidé plus de 700 écoles libres sur les 1300 existantes actuellement. Dans son bureau, l'ancienne de l'ENA et de Normale Sup' a accroché au mur deux portraits de stars dont elle nous montre les photos en grand format. Elle sourit, comme fière de son coup : Hannah Arendt et Simone Weil. Deux pédagogues hors-norme. Judicieux pour mettre tout le monde à l'aise. Car il faut que je l'avoue : ayant détesté l'école, si j'y retourne cette après-midi, c'est bien pour comprendre pourquoi ! Conseil de classe.

Je vous présente deux constats : « l'école publique se délabre, il faut donc impulser d'autres initiatives scolaires » ; et l'autre, « quoi qu'il advienne, que l'école publique soit excellentissime ou non, il faut fonder des alternatives » ? À la Fondation pour l'École, lequel de ces deux constats vous correspond le plus ?

Le second ! Le pluralisme scolaire est une nécessité politique autant que pédagogique. Il en va de la liberté de notre société. En revanche, contrairement à une légende urbaine, on n'est pas du tout favorable à la disparition de l'Éducation Nationale, ou d'un secteur public.

J'allais vous poser cette question, mais pas aussi directement…

Nous sommes opposés à ce que l'Education nationale continue à bénéficier d'une situation de quasi-monopole, avec de tels privilèges exorbitants, en étant juge et partie du système éducatif. Nous sommes hostiles à toute forme de monopole public ou privé, dans les domaines d'activité non-régaliens comme l'éducation ou la santé par exemple.

Mais quelle est votre approche vis à vis de l'éducation ?

Notre approche consiste à dire qu'il y a besoin de pluralisme, de diversité en matière pédagogique et éducative ; parce que les enfants sont différents, ils ont besoin de solutions éducatives différentes pour réussir. Par ailleurs, une implication accrue de la société civile dans l'éducation nous semble nécessaire. L'éducation doit devenir pour les Français une cause nationale. Plus on investit dans l'éducation de son propre enfant, plus on sert le bien commun. Il ne s'agit pas d'un jeu à somme nulle. À chaque fois qu'il y a un enfant bien éduqué de plus, même s'il a été formé dans une école privée qui a coûté très cher, c'est une chance pour la communauté nationale dans son ensemble.

Est-ce que vous entendez les reproches adressés à l'école privée sous contrat ? Mélenchon, par exemple, propose de faire sauter les aides aux écoles privées, en disant qu'il n'y a pas de raison que les Français paient des impôts pour des instituts privés.

Sa position est un retour au fameux slogan laïcard « argent public/ école publique, argent privé/école privée » qui repose sur l'idée que, dans la mesure où l'Etat assure à tous un service gratuit, si vous n'en êtes pas contents, c'est normal que vous financiez vous-même une alternative. Mais cet argument est tout simplement faux, parce que les services ne sont pas équivalents. Une école libre ne met pas en œuvre la même vision éducative que l'Etat. L'Education nationale et les différentes écoles libres ne représentent pas des chemins différents qui mènent au même endroit mais bien des chemins différents qui conduisent à des endroits différents ! C'est pour cela d'ailleurs que la liberté scolaire n'est pas un luxe mais bien un droit constitutionnel. Et que le pluralisme éducatif alimente le pluralisme politique et la créativité de la société. Seule une société unanimiste pourrait légitimement avoir une école unique, mais notre société est marquée par le pluralisme et l'aspiration à la liberté et la diversité.

On peut vous opposer immédiatement l'argument « inégalitaire. » Comment éviter qu'il y ait des castes, avec des enfants ayant eu une bonne éducation et ceux n'ayant pas eu cette chance ?

La réponse est très simple : c'est l'Etat qui a pris la décision discriminatoire de pénaliser financièrement les familles qui n'ont pas choisi son école publique. Rien ne l'y oblige. Les parents d'élèves scolarisés dans le privé ne paient-ils pas des impôts ? Sont-ils des sous-citoyens auxquels on peut refuser des droits fondamentaux ? Par l'argent, l'Etat exerce un chantage illégitime sur le choix des parents, alors qu'il est supposé être le garant de la liberté d'enseignement !

Oui enfin c'est un faux choix pour certains. Beaucoup de parents aimeraient inscrire leurs enfants dans le privé mais ne peuvent pas se le permettre.

Mais justement ! C'est à cause du chantage financier exercé par l'Etat que les parents les moins aisés sont concrètement privés de leur liberté de choisir l'école. A cause de l'attitude de l'Etat, seuls les riches et ceux qui sont prêts à d'importants sacrifices (donc la véritable élite !) jouissent effectivement du pouvoir de choisir. L'argent qui permet de financer l'école publique d'où vient-il ? De vous et moi. Nous contribuons tous à financer l'école publique, même lorsque nos enfants sont scolarisés en écoles libres.

La vérité est que l'on se retrouve à payer pour des écoles « privées » uniquement parce que l'Etat décide, unilatéralement, d'accorder la gratuité à un type d'école et de réserver la non gratuité aux autres.

C'est pourquoi nous nous battons tous les jours pour obtenir un financement public du libre choix scolaire, pour que n'importe quel enfant puisse choisir l'école de son choix, sans qu'il y ait une pression financière qui s'exerce sur sa famille. En attendant, l'une de nos fondations abritées octroie des bourses aux enfants des familles défavorisées, pour que la possibilité effective de choisir son école ne soit pas le privilège d'une minorité..

Est ce que l'on peut réellement rendre l'école privée gratuite ? Cela semble quand même compliqué à mettre en place…

Mais cela existe dans de nombreux pays et depuis longtemps comme aux Pays-Bas ou en Suède, pourquoi n'y arriverait-on pas en France ? Au passage, la gratuité totale n'est une bonne chose ni pour l'école publique ni pour l'école privée car elle démobilise les acteurs éducatifs. Des frais de scolarité très bas mais non nuls sont préférables.

Il faut en revenir à la source de légitimité en matière de choix éducatifs. Soit l'on considère que les parents sont les premiers éducateurs de leurs enfants, soit l'on estime que c'est l'Etat qui sait ce qui est bon pour les familles. Il n'y a pas cinquante conceptions possibles. La première solution est celle de l'Eglise catholique et de toutes les conventions des droits de l'homme internationales ou européennes. La seconde, chère à Robespierre, est typique du totalitarisme.

C'est un peu fort de café ça quand même…

L'école publique considère que les parents sont structurellement dangereux pour leurs enfants, et que l'école est là pour émanciper, c'est-à-dire pour rendre l'enfant étranger à sa propre culture. Certes, l'école n'est pas un prolongement de l'espace domestique, mais un lieu intermédiaire entre la famille et la Nation, qui « introduit » le futur adulte à la vie de la cité. Je ne vois pas en quoi une école, qui occulterait sciemment chez l'enfant toute dimension spirituelle, toute attention à son intériorité ou à Dieu, serait plus respectueuse de la liberté de conscience de l'enfant qu'une école reposant sur une conception de la personne comme être spirituel doué d'une intériorité à cultiver.

Vous attachez beaucoup d'importance au libre choix. Chez *Limite*, nous sommes plutôt très critiques vis à vis du dogme de la prévalence du choix, de la prévalence de l'individu.

Mais vous êtes aussi très attachés aux communautés, non ? En revendiquant le droit pour tous de choisir vraiment son école, nous ne souscrivons pas à une approche individualiste, celle du « c'est mon choix… ». Tout au contraire, nous pensons que le seul moyen de lutter contre la dérive individualiste de la société, d'éviter que les personnes soient ravalées au rang d'individus interchangeables et manipulables, est d'aider les personnes à s'enraciner dans des communautés à taille humaine (comme leur école), aptes à leur faire apprécier et aimer la communauté nationale. On ne peut éduquer qu'en communauté. C'est précisément ce que l'école publique n'est pas mais que les écoles libres peuvent être, fortes de leurs professeurs soudés autour d'une vision éducative commune à laquelle ils ont librement décidés de prêter leur concours.

Les écoles indépendantes sont fondées par des personnes qui refusent de se plaindre contre « le système éducatif », retroussent leurs manches, et font leur part en toute liberté et en toute responsabilité. Ce n'est pas sans beauté ! •

Vroooooom ! Quand l'actualité nous ordonne d'accélérer, **Limite** *ralentit.*
Conversation entre deux décroissantes décomplexées.

Eugénie BASTIÉ • Natacha POLONY

L'esprit de l'escargot

épisode 4

La littérature, l'antidote du Progrès

Eugénie : Parce que l'écologie intégrale est aussi une écologie littéraire, parlons de littérature. Ton amour des livres t'a-t-il été transmis ou bien l'as tu acquis par toi-même?

Natacha : J'ai eu la chance de naître dans une famille caractéristique de la petite-bourgeoisie méritocratique. Ma mère m'a élevée dans l'amour des livres. Si je m'appelle Natacha, c'est en hommage à Tolstoï et elle a failli m'appeler Graziella en hommage à Lamartine ! Quand je perdais une dent la petite souris m'apportait des romans… Mon père adore le théâtre, il me récitait par coeur *Cyrano de Bergerac*… « *Apprenez/Que je m'enorgueillis d'un pareil appendice/ Attendu qu'un grand nez est proprement l'indice/D'un homme affable, bon courtois, spirituel.* » Cyrano continue de m'émouvoir. J'adore Alexandre Dumas, c'est de la littérature populaire dans le sens le plus noble qui soit. Le vicomte de Bragelonne est extraordinaire…

Il y a dans la littérature, et en particulier dans la poésie, quelque chose d'éminemment nostalgique. Une société qui criminalise la nostalgie est une société sans littérature.

Oui ! Qui ne pleure pas à la mort de Porthos n'est pas vraiment humain. « - Trop lourd ! Après quoi, l'oeil s'obscurcit et se ferma, le visage devint pâle, la main blanchit, et le Titan se coucha, poussant un dernier soupir.

Avec lui s'affaissa la roche, que, même dans son agonie, il avait soutenue encore !

Les trois hommes laissèrent échapper le levier qui roula sur la pierre tumulaire.

Puis, haletant, pâle, la sueur au front, Aramis écouta, la poitrine serrée, le coeur à se rompre. Plus rien ! Le géant dormait de l'éternel sommeil, dans le sépulcre que Dieu lui avait fait à sa taille. »

J'en ai pleuré. Et la mort d'Athos ! L'intact Athos qui meurt à cause de cette chochotte de Bragelonne qui se complait dans le narcissisme plutôt que d'être dans l'héroïsme de la génération précédente. Mais c'est cela qui est beau, la mort de chevalerie. On retrouve ce thème dans le conte du Graal. La décrépitude de l'idéal chevaleresque. Perceval errant sans but, Gauvain se faisant attaquer par des paysans…

C'est peut être ça d'ailleurs l'idéal français, celui d'une chevalerie qui se regarde avec ironie et distance, qui ne se prend pas vraiment au sérieux tout en étant brave, à la manière d'un d'Artagnan. Avec une pointe de panache et de nostalgie coupable. D'ailleurs, je te soupçonne de préférer comme moi les écrivains nostalgiques, pour ne pas dire réactionnaires…

Je l'avoue, ma tendresse va d'abord aux écrivains qui ont su percevoir les ravages de la modernité… De Flaubert dans sa moquerie de la bourgeoisie à Giono qui décrit le monde paysan qui disparait, en passant bien sûr par Saint-Exupéry. Un de mes premiers chocs littéraires, c'est Le Petit Prince, puis j'ai lu Terre des hommes, d'une beauté exceptionnelle. J'ai ensuite découvert Citadelle. C'est un livre sur l'idée qu'on échange sa vie contre quelque chose qui la dépasse. L'idée qu'il faut restituer le sens et l'ordonnancement du monde. On ne range pas le grain dans l'étable, car il appartient à la grange. Chaque objet a sa place, et il faut qu'une maison ait un centre dont on puisse s'éloigner ou se rapprocher. Le temps, c'est la même chose, il faut qu'il soit rythmé comme l'espace. « *Et je marche de fêtes en fêtes et d'anniversaires en anniversaires, de vendange en vendange, comme je marchais enfant de la salle du conseil à celle du repos, dans l'éternité du palais de mon père, où tous les pas avaient un sens* » .

Ce que tente Saint-Ex dans *Citadelle*, et ce que tente la littérature en général, c'est de décrire l'unité du monde sans la défigurer, sans la ramener à une objectivité par trop simplificatrice. Il y a chez Saint-Exupéry cette tentative de ciseler « l'invisible noeud qui noue les choses ensemble ». « *Je sais trop bien qu'en assemblant des pierres, c'est du silence que l'on crée, qui n'était pas dans les pierres* » écrit-il, puis, plus loin : « *et je refuse la discussion, car il n'y a rien ici qui ne se puisse démontrer.* » La littérature est la résistance à l'objectivation du monde. Elle est un accès à la vérité autrement que par démonstration...

Cette question de la recherche de l'unité perdue est centrale. Il y a dans la littérature, et en particulier dans la poésie, quelque chose d'éminemment nostalgique. Une société qui criminalise la nostalgie est une société sans littérature. La poésie occidentale est née avec nostalgie : c'est la quête d'Ulysse. Elle devient encore plus intéressante quand elle se confronte à la mort de Dieu. Au XIXème avec le romantisme puis au XXème, la poésie recherche cette unité perdue. Dieu garantissait le langage. Comment nommer les choses, si rien ne peut plus les justifier en dernière instance ? La poésie est cette recherche de sens, ce substitut à la transcendance qui donne un sens à notre présence. C'est ce qu'on retrouve chez Yves Bonnefoy : Dieu n'est pas mort, il est à reconstruire, non plus dans la transcendance mais dans l'immanence. Nous ne cherchons qu'à durer, qu'à faire durer et à transmettre, nous ne sommes que des passeurs.

«*Quand on généralise la souffrance, on a le communisme. Quand on particularise la souffrance, on a la littérature.*», écrivait Philipp Roth. La littérature

Ce monde est beau, c'est peut-être cela que certains appellent Dieu. Le traduire par le langage, c'est une façon de rendre grâce, mais aussi de perpétuer.

est un rempart contre l'idéologie. C'est pourquoi d'ailleurs la bonne littérature est souvent antimoderne : elle s'oppose fondamentalement à l'idée de Progrès en s'attachant à découvrir ce qui est permanent en l'homme : on peut s'identifier à Montaigne qui n'avait pas d'Iphone. Comme le disait Soljenytsyne, la frontière entre bien et mal passe à travers les êtres, et ce depuis toujours…

« *Leur termitière future m'épouvante, et je hais leurs vertus de robots. Moi j'étais fait pour être jardinier* » : ce sont les derniers mots de Saint-Exupéry, et l'une des plus belles phrases jamais écrites. La modernité se caractérise par le culte du Progrès et de la performance, et donc de la rentabilité. La littérature est par définition la détestation de la rentabilité. Il y a dans la recherche patiente du mot juste quelque chose de fondamentalement réfractaire à l'efficacité de celui qui communique. C'est pourquoi j'ai une affection particulière pour les stylistes en littérature. Dans mon Panthéon littéraire, il y a Colette, Giono, Julien Gracq, Pierre Michon, des gens qui savent produire une musique. La précision du langage est aussi une précision du regard. La capacité de nous émerveiller devant la beauté du monde. Ce monde est beau, c'est peut-être cela que certains appellent Dieu. Le traduire par le langage, c'est une façon de rendre grâce, mais aussi de perpétuer. Dans cet exil qu'est notre passage sur terre, c'est le langage qui devient la patrie. Face au désenchantement, la noirceur, il n'y a plus que ça, la beauté des mots. Le rôle de la littérature, c'est de parler de ce qui disparaît, c'est nous faire prendre conscience de la fugacité des choses, de nous donner le sens du tragique. La littérature m'émeut par sa capacité à recréer du sacré.

On a le sentiment que cette capacité disparait dans la littérature actuelle, qui n'est que description documentaire de la médiocrité…

La littérature contemporaine donne une impression de dépeçage, d'incapacité à saisir l'unité du monde. J'aime Houellebecq pour son ironie, mais sa noirceur, sa vision d'un monde désacralisé est épouvantable. On ne sait plus regarder la beauté des choses. On ne peut plus que rire.

Je suis aussi frappée par l'incapacité de la littérature contemporaine à créer de l'intrigue, qui se réfugie uniquement dans les séries télévisées. Comme si la possibilité même de l'aventure était morte…

Pour qu'il y ait une fresque, il faut qu'il y ait une histoire. Tu ne peux pas écrire les *Trois mousquetaires* sous les Trentes Glorieuses. Si le monde est un éternel présent auquel seul la consommation donne du sens, il n'y a plus de héros ni d'épopée. Si la démocratie libérale est vraiment le meilleur des mondes possibles, il n'y a plus de distance possible, donc plus de littérature. On a aboli le mal, le mal n'existe plus à l'intérieur de l'homme, sans mal il n'y a plus de littérature possible. Il reste les leçons de morale et les problèmes gastriques de Christine Angot.

« Le péché mortel, c'est de dire : « X est un ennemi politique donc c'est un mauvais écrivain » disait Orwell…

Les curés ne font en général pas de bons écrivains. Le rôle de l'écrivain n'est pas d'extirper, de débusquer le mal dans la société mais de décrire l'abime qu'il y a en chacun de nous. Si tu essaies de prescrire où est le bien, tu ne peux plus écrire. La littérature, c'est aussi le doute. On ne peut pas devenir un inquisiteur quand on aime les mots, car il y a forcement un vertige de la polysémie. •

à suivre…

Ça, c'est Limite !

courrier des lecteurs, courrier du cœur

LIMITE, C'EST AUSSI ET SURTOUT UNE COMMUNAUTÉ DE LECTEURS ! ET PARCE QU'ON VEUT FÉDÉRER LES TROUPES, ON DÉGAINE VOTRE COURRIER.

Continuez à nous écrire : redaction@revuelimite.fr ou par courrier à Limite, 10 rue Charles Divry 75014 Paris

Merci pour cette publication que je découvre et dévore avec sain appétit. Je découvre en vous lisant Jacques Ellul, quel ouvrage recommanderiez-vous pour mieux connaitre sa pensée ? Bravo encore pour votre travail. Je termine le 6 et j'attaque le 3 que je viens de me procurer. Un sujet sur lequel j'aimerais bien vous lire un jour serait les limites (ou pas) du progrès médical (hors des questions de naissance ou de mort). Je suis moi-même chirurgien et je me demande de plus en plus si je ne suis pas un esclave de la performance technologique.Une idée comme ça. Amicalement

JJ PATARD (via notre messagerie Facebook)

Bonjour,
Je lis *Limite* depuis sa création - et je profite d'ailleurs de ce mail pour vous féliciter de la grande qualité de votre revue, et de son caractère indispensable dans un monde où sur certains sujets il devient tout à fait impossible de débattre dans les milieux intellectuels traditionnels (comme critiquer le système libéral capitaliste, le progrès technique, ou remettre en cause le culte de la croissance). Il se trouve que je fréquente pas mal d'énarques et de membres de notre "élite" et je peux vous dire que le niveau de lavage de cerveau à leur niveau est proprement hallucinant (rien que le fait de dire qu'on est catholique vous expose à un bon nombre de remarques édifiantes).

À titre personnel, et grâce à ma formation (je suis ingénieure), je suis particulièrement attentive aux monstrueuses (il n'y a pas d'autre mot) évolutions que nous prépare la Silicon Valley. Ce sont notamment des sujets (transhumanisme, I.A...) sur lesquels j'aimerais écrire. J'ai été notamment très marquée par *Contact* de Matthew Crawford, et *Seuls ensemble* de Shelley Turkle qui démontrent tous deux magistralement comment la technique sous des apparences "neutres" et des prétextes toujours bien pensants, va dénaturer ce qui fait notre spécificité humaine dans ses aspects les plus fondamentaux, à savoir notre capacité à appréhender le réel (l'expérience de l'attention, telle que la décrit Crawford) et à lier des relations avec les autres.
Mais je m'intéresse aussi énormément aux fondements historiques de l'écologie (j'avoue que la lecture d'un Jared Diamond m'a fait énormément réfléchir et adopter une position moins tranchée sur le sujet), aux alternatives possibles au système politico-économique actuel, notamment à la mise en œuvre concrète d'une société "décroissante", et au fonctionnement du capitalisme (là je suis bêtement marxiste, du moins dans ses analyses de la valeur, et du caractère totalitaire de l'accumulation capitalistique).
Je vous prie de m'excuser pour ce mail bien trop long, et vous félicite encore pour le travail accompli.

Marie D

Récemment, je me suis intéressé à la revue Limite dont je trouve le projet très enthousiasmant. J'aimerais savoir s'il est possible de rejoindre votre comité de rédaction.
Je suis étudiant à Sciences Po Paris en Affaires Européennes et j'ai remarqué que l'Europe n'était pas vraiment traitée par la revue, or il y aurait de très belles analyses à montrer dans le cadre de* Limite. *J'ai déjà travaillé pour la revue* Regards Croisés *sur l'Économie.
Je suis actuellement en Autriche en année de césure mais je rentre à Paris en septembre pour finir Sciences Po et j'aimerais beaucoup collaborer avec vous dès à présent.
Joyeuses Pâques

Julien B

Monsieur ou madame, très intéressé par votre revue, j'aimerais pouvoir travailler avec vous. Professeur de lettres classiques, chrétien, connu surtout pour mes travaux sur Giono, je vais publier un essai sur Ellul chez Lemieux éditeur à la rentrée 2017, mais le tour qu'ont pris les élections présidentielles me convainc de la nécessité d'un engagement plus précis. Pour vous en donner une idée je vous joins un texte que j'avais rédigé au moment du referendum de 2005, dont je n'ai hélas plus de version numérique. En espérant que vous ne trouverez pas ma démarche importune, je vous prie d'accepter mes salutations distinguées,

Édouard S

Bonjour,

Étudiant en master de recherche en idées politiques à l'université de Bordeaux, j'entreprends en ce moment un mémoire de recherche qui a pour sujet l'Écologie intégrale, et en particulier la revue Limite elle-même.
Mon objet de recherche consiste à analyser les racines intellectuelles, philosophiques, politiques de Limite. Ma finalité étant de comprendre, sur le plan des idées, comment caractériser votre courant, et d'envisager par des mises en perspectives les impacts sur le champ de l'écologie politique qu'il pourrait avoir.
Si vous acceptez de donner suite à ma sollicitation, je souhaiterais avoir l'occasion, si cela vous semble possible, de vous poser un certain nombre de questions qui éclaireraient mes recherches. Dans un premier temps, ces questions tourneraient essentiellement autour de l'origine et de la genèse de cette revue : rencontre des membres fondateurs, choix des différents contributeurs, socle philosophique et/ou politique commun…
Pensez-vous qu'un tel échange soit possible ? Si tel est le cas, je pourrais vous faire passer mes questions par pj.
Merci d'avance de votre réponse à ma requête (pleine d'espoir !)
Bonne continuation à vous.
Bien cordialement,

Titouan TAUZIET

J'ai passé ma vie à vivre avec mon temps...
Comment trouve-t-on le temps de vivre quand on vit avec son temps?
Baaah...
Eh bien on ne le trouve pas! Voilà tout! On s'épuise, on finit éreinté, sur les rotules, sans souffle... Las!
Sans plus un seul cheveux pour essuyer ses larmes qui tombent des yeux...
Taratata! À d'autres compère vieillard! Moi!... Moi, j'ai toujours entendu dire qu'il fallait vivre avec son temps et que pierre qui roule n'amasse pas mousse!
Du berceau à la tombe on nous chante la même romance: «Il faut vivre avec son temps / Voyez comme c'est épatant! / Il faut vivre avec son temps / Pour se coucher content!»
D'ailleurs, a-t-on vraiment le choix? Vous, vous avez passé votre vie à vivre avec votre temps, soit. Mais avec quoi d'autre auriez-vous pu passer votre vie? Hein?! Alors?
Pas avec «quoi»...
Au lieu de vivre avec mon temps, j'aurais mieux fait de vivre... De vivre AVEC une femme!
Une p'tite femme rien qu'à moi!
Une?!
Ah ouais...
Une femme!...
Pas con!
Nicolas Pinet

À rebrousse-poil : ne vous lavez jamais !

Shampoings, après-shampoings, soins hydratants, démêlants, tonifiants, texturisants (sic.) : mais comment nos grands-mères faisaient-elles pour s'en passer ?

Par Marianne DURANO

Le poil soyeux...

Je me suis souvent posée la question, quand, après deux jours sans lavage, mes cheveux ressemblaient déjà à un paillasson graisseux. Quand soudain, le doute s'est immiscé dans ma salle de bain : et si, comme souvent, le problème venait de la solution ? Et si le shampoing était la cause de mon désastre capillaire ? Si vous n'avez jamais fait l'expérience, regardez la composition du premier shampoing qui vous tombera sous la main : sulfates, silicones, alcool, parabens, et autres produits chimiques, au mieux irritants et allergènes, au pire perturbateurs endocriniens et cancérigènes. Que du bonheur. Le principe est simple : les shampoings sont bourrés de tensioactifs qui nettoient le sébum nécessaire à la protection du cuir chevelu. Résultat ? Notre corps, incapable de réguler lui-même son sébum, va en produire deux fois plus ! Déduction : plus vous vous lavez les cheveux, plus vos cheveux se saliront vite, plus vous acheterez de shampoing, plus vous abîmerez votre cuir chevelu, plus vous aurez besoin d'après-shampoing, etc. On ne s'en lasse pas, et c'est toujours le même système technico-capitaliste qui nous arnaque, en vendant des produits qui sont la cause du problème qu'ils sont censés résoudre.

...sans s'arracher les cheveux...

Ok, mais qu'est-ce qu'on fait ? Comme souvent, la réponse est enfantine : on arrête tout. On commence par espacer ses shampoings, de préférence bio et solides (zéro déchet oblige), pour que le cuir chevelu apprenne à s'auto-réguler. Puis on utilise des alternatives au shampoing, qui, comme toujours, sont simples et quasi-gratuites. Le produit star, et qu'on ne présente plus, est le bicarbonate de soude. Pour 4 euros le kilo, cette poudre miracle 100% écolo blanchit les dents, adoucit la peau, facilite la digestion, désodorise votre intérieur, sert d'adoucissant pour la cuisine et les lessives, récure les sanitaires, tue les champignons au jardin... et remplace efficacement les shampoings industriels. La recette ? 2 cuillières à soupe de bicarbonate dans un fond d'eau, combinées avec un rinçage au jus de citron ou au vinaigre de pomme, et à vous la tignasse de Claudia Cardinale dans *Le Guépard*, à qui on a demandé de ne pas se laver les cheveux pendant une semaine pour pouvoir jouer de la tresse sous le regard amoureux d'Alain Delon.

... et sans se faire de la mousse !

Bref, retournons à nos pellicules (car oui, le bicarbonate est également un excellent anti-pelliculaire). Pour être efficace, cette méthode doit s'accompagner d'un long brossage quotidien, afin de répartir le sébum sur le cuir chevelu, et éventuellement d'un shampoing sec entre deux lavages. Je vous vois sursauter : à quoi bon tout ce tralala, si c'est pour utiliser un shampoing sec, à base d'aérosol et de produits au moins aussi toxique que son cousin humide ? Rassurez-vous, la plupart des shampoings secs sont à base de fécule de maïs : une cuillère de Maïzena (si si), fera parfaitement l'affaire. Pour ceux qui tiennent absolument à avoir les cheveux qui sentent la lavande, il existe une infinité d'huiles essentielles aux vertus étonnantes, et pleins de recettes naturelles pour fabriquer des masques maison, à base de lait de coco (oui oui, les briques qu'on trouve au rayon asiatique), d'huile d'olive, et autres ingrédients exotiques. La seule chose à laquelle il vous faudra renoncer, c'est *la mousse*, cette substance artificielle en réalité très agressive inventée par les industriels pour vous leurrer sur l'efficacité de leur produit. Oui, c'est dur, mais on s'y fait. Et avec ce traitement, les plus persévérants parviennent à terme à ne plus se laver les cheveux *du tout*, se contentant d'un rinçage occasionnel à l'eau clair. Étonnant, n'est-ce pas ? •

Maternité congédiée

À rebours de ses voisins européens, la patrie des Droits de l'Homme persiste à considérer le congé maternité comme un congé maladie.

Par
Marianne DURANO
Agrégée de philosophie,
Membre de la rédaction de *Limite*

Mère ingrate ! Deux tu l'auras

Mon fils a 2 mois. Dans 10 jours, je suis censée retourner au turbin. Le temps de rééduquer mon périnée, histoire quand même de ne pas risquer la descente d'organe. Serais-je donc ingrate ? Ne devrais-je pas m'estimer heureuse de pouvoir rester 10 semaines avec mon bébé, payée à me tourner les pouces ? Surtout quand on sait qu'il a fallu attendre 1909 pour que la travailleuse bénéficie d'à peine 8 semaines de congé, facultatif et non-rémunéré... D'autant plus que celles qui parviennent à serrer les dents pendant leur grossesse, repoussant ainsi leur départ en congé, pourront grapiller quelques semaines avec leur enfant ! Les meilleures comédiennes décrocheront même le gros lot auprès de leur médecin : quinze jours de congé pathologique gratis. Que demande le peuple ? Oui, mais voilà, en regardant mon petit téter en s'agrippant désespérément à mon décolleté, ce n'est pas franchement un sentiment de libération et de reconnaissance qui prédomine.

Le coût du travail ?

À celles qui réclament un allongement du congé maternité, telle la député communiste Marie-Georges Buffet, on rétorque qu'une telle mesure compromettrait l'égalité homme-femme devant l'emploi. C'est du moins ce qu'a allégué fin février Clotilde Valter, secrétaire d'État chargée de la formation professionnelle auprès de la ministre du Travail. Mais qu'est-ce qu'une égalité obtenue au prix d'un tel sacrifice ? Une égalité qui exige des femmes qu'elles serrent les dents jusqu'à 8 mois de grossesse, puis qu'elles se fassent violence pour laisser leur nouveau-né en nourrice, alors même qu'il les réveille encore la nuit, et qu'il aurait besoin de lait maternel jusqu'à au moins 6 mois, si l'on en croit l'OMS... La France, pays de l'égalité, avec ses 16 semaines de congé maternité, se situe ainsi dans les catacombes du classement, en dessous du Chili (18 semaines, 100% du salaire) et juste en dessus du Mali (14 semaines, 100% du salaire). A titre de comparaison, rappelons que les Suédoises ont droit à 75 semaines, les Bulgares 58, les Italiennes 6 mois, les Anglaises 39 semaines, la moyenne européenne tournant autour de 20 semaines.

Malade d'amour

Comment se fait-il que la France, habituellement si généreuse concernant les prestations sociales, se montre si pingre envers les jeunes mamans ? 16 semaines, c'est concéder à la jeune accouchée le strict minimum pour mener à terme sa grossesse et se relever de ses couches, le périnée, muscle ayant besoin d'un minimum de 6 semaines après l'accouchement et de quinze jours de rééducation pour retrouver un tonus normal. C'est considérer l'accouchement uniquement comme une pathologie dont la femme doit guérir, en oubliant le bouleversement existentiel qu'il constitue et les liens de dépendance qui unissent le nourrisson à sa mère, particulièrement dans les 3 premiers mois de son existence. Mieux, inciter ainsi activement les femmes à reprendre le travail, c'est sous-entendre qu'au fond la maternité demeure une aliénation dans laquelle elles ne doivent pas se complaire. Et tant pis si elles ont mal au cœur, pourvu qu'elles restent des femmes de tête !

Critiquer un système insoutenable c'est bien ; trouver des leviers d'action pour le changer, c'est mieux.

SE PASSER DE LA GRANDE DISTRIB'

Dans le dernier numéro, Albert réfléchissait à limiter sa dépendance à l'argent. Malgré toutes les initiatives allant dans ce sens, il s'est rendu compte qu'on ne pouvait pas forcément s'en passer. Il cherche donc à l'utiliser à bon escient, en se passant de la grande distribution et en favorisant le commerce local de qualité.

Du producteur au consommateur

Bien sûr, l'idéal est d'aller directement à la source. Le marché traditionnel en offre évidemment la possibilité.

C'est aussi ce que propose depuis longtemps un certain nombre de fermes avec ce qu'on appelle la « vente directe » : le producteur ouvre sur sa ferme un magasin où il vendra lui-même ses produits.

Il existe néanmoins un bémol à cette solution, la multiplication des trajets : à moins d'avoir une ferme aux multiples productions près de chez vous, cette expérience virera très vite au drame ! Car en plus de passer une journée sur les routes pour passer d'un paysan à l'autre, vous dépenserez une fortune en essence et contribuerez à la pollution, au réchauffement climatique, à la mort des bébés phoques, comme tout méchant capitaliste que vous vous refusez à être.

Former des réseaux

Plusieurs options existent déjà pour pallier ce bémol, en voici une liste non-exhaustive ! Il en existe d'autres, que vous pouvez faire connaître grâce à la rubrique « Courrier des lecteurs ».

Les Associations pour le Maintien de l'Agriculture Paysanne (AMAP) sont souvent des maraîchers ou des arboriculteurs qui créent autour de leur exploitation un réseau de consommateurs qui s'engageront pour un certain temps à prendre à intervalles réguliers un panier de légumes ou de fruits, pour un prix défiant toute concurrence. L'avantage du réseau ? Les adhérents s'organisent pour les permanences et les trajets des paniers, ce qui évite de devoir chaque semaine faire le trajet juste pour soi.

Des groupements d'achats se développent également un peu partout. Le principe est de commander par mail ou téléphone ce dont vous avez besoin directement aux producteurs qui, régulièrement, se retrouveront près de chez vous pour livrer leurs commandes tous ensemble, dans une ambiance bon enfant.

J'ai découvert il y a peu dans la Drôme une initiative intéressante : un réseau de fermes. Le principe est celui de la vente directe, mais avec une organisation particulière : chaque membre du réseau ouvre son magasin une journée par semaine et vend en plus de ses propres produits ceux des autres fermes, ce qui leur permet de ne pas avoir de locaux à payer pour la vente, tout en permettant à leurs clients de ne pas avoir à faire le tour des lieux pour trouver ce dont ils ont besoin.

Supermarchés participatifs ou magasins de producteurs : réinventer le modèle distributif ?

De plus en plus courant, le magasin de producteurs, autogéré, permet à plusieurs paysans de partager les temps de vente, le coût des bâtiments et de proposer en un seul endroit un éventail large de produits locaux de qualité à leurs clients. Pour les clients, cela aboutira tout de même à des prix assez élevés à cause du coût des locaux et du personnel.

Le modèle du supermarché coopératif et participatif est lui assez novateur en France. Il en existe plusieurs formes, mais le principe de base est de s'appuyer sur la participation active des « membres-coopérateurs » à la gestion d'un supermarché et de leur offrir l'accès à des produits à prix abordables prioritairement issus de l'agriculture durable et de circuits courts. En gros, tu paies une cotisation, tu participes à la vie du lieu et tu as accès à des produits locaux de qualité à prix bas.

Un peu sur le même modèle, j'ai rencontré en Bretagne une association coopérative de ce type, « Le Champ Commun », qui cumule une supérette, un bar, une brasserie et autres activités culturelles. Car le but de tout cela n'est pas que de consommer mieux, mais aussi de recréer du lien social : tout est lié ! ●

Par Mayeul JAMIN

Sur les routes de France à la rencontre des artisans de la sobriété heureuse. Créateur du site *etsicitaitpossible.wordpress.com.*

Êtes-vous Limite ?

40 questions du parfait militant limité

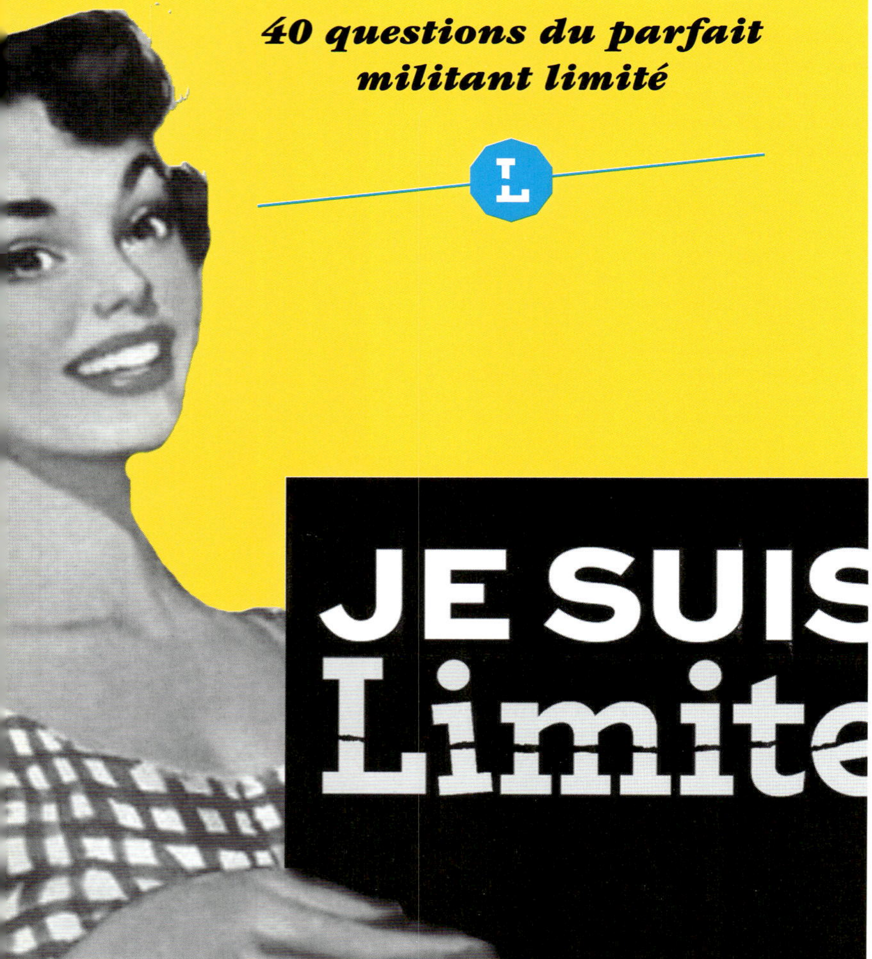

Cet été, que vous soyez en vacances au bord de la plage — dans un préfabriqué de Palavas — ou en montagne à 2800 mètres au-dessus de la mer — dans un magnifique chalet en béton, Limite vous remet au turbin. Congés ou pas, c'est cahier de vacances pour tous. Avec ces « 40 questions du parfait militant limité, » l'écologie intégrale n'aura plus de secret pour vous. À chaque question une seule bonne réponse. En calculant vos points, vous saurez le travail qu'il vous reste à accomplir pour parvenir au stade suprême de la limite. Attention, pour une fois, ne vous en fixez aucunes !

Examen de fin d'année.

Par Paul PICCARRETA • Illustré par Nicolas PINET

1) Entre 1980 et 2005, les pays à faible revenu ont produit 52% de l'accroissement démographique mondial et seulement 12% de l'augmentation de CO_2. Les pays à revenu élevé ont quant à eux produit 7% de croissance démographique et 29% d'augmentation de CO_2. Quelle réflexion judicieuse peut-on en tirer ?

A. « *En tant qu'écologistes radicaux, nous pouvons concevoir le sida non comme un problème mais comme un mal nécessaire* » (Mouvement Earth First)

B. « *La pollution commence non pas dans la chambre à coucher mais dans la salle de conférences des entreprises* » (Barry Commoner, biologiste antinucléaire)

C. « *Save the planet, kill yourself !* » (Church of Euthanasia)

D. « *La procréation d'un seul bébé équivaut à 620 trajets Paris-New York* ». (Yves Cochet, député écologiste)

2) En volume, quelle est la part des circuits courts et modèles alternatifs à la grande distribution alimentaire française ?

A. 23 %

B. 4%

C. 15%

D. 0,8 %

3) La célèbre formule des décroissants peut se résumer ainsi :

A. « *Une croissance matérielle infinie dans un monde infini est impossible* »

B. « *Une croissance matérielle infinie est impossible sans le recours aux technologies vertes* »

C. « *Une croissance matérielle infinie dans un monde fini est impossible* »

D. « *On peut tromper une fois mille personne, mais on ne peut pas tromper mille fois une personne (et l'inverse)* »

4) Quel célèbre botaniste, maire-adjoint de la ville de Metz, nous a quitté en décembre 2015 en confiant quelques jours plus tôt à la revue *Limite* : « *toute écologie bien comprise est intégrale, au sens où elle intègre différentes problématiques au-delà la question environnementale* » ?

A. Jean Bastaire

B. Jean-Marie Pelt

C. Claude Bourguignon

D. Ernst Haeckel

5) Qui a pu dire : « *les nantis multiplient pour eux les enracinements, dans la multiterritorialité, dans les réseaux les plus divers, dans les familles qui cousinent large, mais*

ils n'imaginent les autres que comme des électrons libres dans un champs magnétique dont eux seuls contrôlent le sens et l'intensité des ondes » ?

A. Michel Onfray

B. Michel et Monique Pinçon-Charlot

C. Michel-Édouard Leclerc

D. Michel et Augustin

E. Michel Foucault

6) 90% des réunions préparatoires à ce projet ont été trusté par des lobbies industriels. Mais de quel projet s'agit-il ?

A. Le mariage pour tous

B. La Loi travail

C. Le Tafta

D. L'élection d'Emmanuel Macron

7) Le concept d'« armée de réserve » désigne la masse de travailleurs étrangers et sans-emplois permettant aux détenteurs du capital de ne pas augmenter les salaires et, au passage, de menacer les travailleurs locaux. Mais à qui doit-on ce concept ?

A. Alain Minc

B. Karl Marx et Friedrich Engels

C. Renaud Camus

D. Friedrich Hayek

8) Pour contrer le choc des pénuries à venir et les mirages des innovations high-tech, que nous conseille l'ingénieur Philippe Bihouix ?

A. D'utiliser de nombreuses bougies et du savon de Marseille

B. Des low-tech : des techniques simples, économiques et populaires

C. Des french tech : des technologies élaborées sur le sol français

D. Une application gratuite téléchargeable sur Applestore

9) Qu'est-ce que la Tchaap, en Bourgogne ?

A. Une université gratuite pour les sans-papiers

B. Une tribu chrétienne hétéroclite altermondialiste autogérée de prière

C. Une technique d'observation des gobemouches noirs

D. Une tradition chrétienne d'appauvrissement autonome et de partage

10) Parmi ces monnaies locales s'est glissé un intrus : traquez-le !

A. *L'Abeille* à Villeneuve-sur-Lot

B. *L'Heol* à Brest

C. *La Muse* à Angers

D. *Le Miel* à Libourne

E. *Le Bitcoin* à Paris

F. *La Pêche* à Montreuil

G. *L'Élef* à Chambéry

11) Pour l'écologie intégrale, que penser du revenu de base et du salaire universel ?

A. Le plein emploi n'étant plus possible, un revenu doit être distribué de manière inconditionnelle pour permettre la réinsertion des plus démunis

B. La société étant redevable aux gens qui la composent, un revenu d'existence s'impose.

C. La mise en place d'un revenu inconditionnel, sans toucher aux mécanismes qui privent les personnes de travail, est une aumône offerte en contrepartie d'une servitude

D. Un revenu inconditionnel précipiterait les gens dans la paresse, il faut remettre la France au travail !

12) Pour industrialiser le pays, l'Inde a fait le choix de soutenir les OGM. Comment s'appelle la seule semence commercialisée par le géant des biotechnologies agricoles?

A. Le maïs UZ345 de Bayer

B. Le coton Bt de Monsanto

C. Le blé DAR de Monsanto

D. Le coton TIGE 692 de Monsanto

13) Pour Jean-Claude Michéa, qu'est-ce que la théorie du ruban de Mœbius ?

A. L'idée selon laquelle le libéralisme a deux faces (morale et économique) et qu'elles se rejoignent continuellement

B. L'idée selon laquelle l'économie libérale voile les yeux des individus et se dissimule ainsi

C. L'idée que dans une même société un ruban invisible noue les intérêts des individus entre eux

D. L'idée selon laquelle un homme de gauche peut voter à droite pour poursuivre ses intérêts

14) Qui a dit : « *Quand on me présente un progrès, je me demande d'abord s'il me rend plus humain ou moins humain* » ?

A. Dolly, la brebis

B. Serge Latouche

C. Luc Ferry

D. George Orwell

E. Natacha Polony

15) Quel écrivain catholique a reconnu dans la *Commune de Paris*

« un socialisme du moins français, et même patriote » ?

A. Charles Péguy

B. Jacques Maritain

C. George Bernanos

D. Éric-Emmanuel Schmitt

16) Parmi ces figures s'est glissé un intrus : traquez-le !

A. Thomas Munzer

B. Pierre-Joseph Proudhon

C. Jacques Ellul

D. Adam Smith

E. Dorothy Day

17) La gestion d'une entreprise par les employés eux-mêmes. Des prises de décisions décentralisées. Le partage des revenus entre les salariés de manière équitable. Et enfin, l'aptitude des êtres humains à s'organiser collectivement. Formidables pratiques, non ? Mais comment s'appelle cette idée suggérée, entre autre, par Simone Weil ?

A. L'utopie collaborative

B. L'autogestion

C. Le management éclairé

D. Le distributisme

18) Chez *Limite*, le conservatisme peut se définir comme…

A. Une théorie économique exonérant les entreprises de charges sociales

B. Une philosophie de l'attachement qui préfère le naturel à l'artificiel, le durable à l'éphémère

C. Une posture identitaire qu'il faut combattre sans relâche

D. Une philosophie qui veut modérer le libéralisme

19) Selon G.K. Chesterton, comment peut se définir le distributisme ?

A. « *Trop de socialisme exclue les capitalistes du jeu démocratique.* »

B. « *Trop de capitalisme ne signifie pas trop de capitalistes, mais pas assez.* ».

C. « *Pas assez ! Il n'y a pas assez de redistribution des richesses.* »

D. « *Des papiers pour tous, capitalistes ou pas !* »

20) Dans les années trente, quel courant français a voulu s'opposer au marxisme et au fascisme, en traçant les sillons idéologiques d'une troisième voie ?

A. Le néomarxisme

B. Le personnalisme

C. Le proxénétisme

D. Le distributisme

E. Le conservatisme

21) Au 18e siècle, qui est celui qu'on appelait Ned Ludd ?

A. Un ouvrier anglais briseur de machines et de métiers à tisser

B. Un intellectuel hollandais critique de la mécanisation

C. L'inventeur des premiers automates et des machines à tisser automatiques

D. Un plombier polonais qui militait pour les 42 heures

E. Un personnage des *Simpsons*

22) Qui a dit : « *En imposant une manière de jouer au football où il ne s'agit plus de construire pour gagner, mais de détruire pour ne pas perdre, l'économie n'a fait qu'accomplir dans le domaine particulier du foot ce qui est sa vocation universelle : noyer dans les eaux glacées du calcul égoïste la totalité des actions et des relations humaines* »

A. Éric Cantona

B. Jean-Claude Michéa

C. Pier Paolo Pasolini

D. Pascal Praud

E. Pape François

F. Frank Ribéry

23) En France, le seuil matériel de pauvreté est fixé à :

A. 8755 euros net par mois

B. 1008 euros nets par mois

C. 786 euros nets par mois

D. 457 euros nets par mois

24) Quelle chrétienne a partagé la condition des ouvriers dans la ville d'Ivry, avant d'en tirer le livre *Ville marxiste, terre de mission* ?

A. Yvonne de Gaulle

B. Simone Weil

C. Madeleine Delbrêl

D. Etty Hillesum

25) Qui a dit : « les communistes nous ont volé notre drapeau, celui des pauvres » ?

A. Jean-Luc Mélenchon

B. Mère Teresa

C. Pape François

D. Sœur Emmanuelle

26) À quoi nous enjoignait l'abbé Pierre ?

A. Donner sa vie sans compter

B. Servir en premier le plus souffrant

C. Savoir aimer, donner sans reprendre et ne rien faire qu'apprendre

D. Aimer l'opprimé comme Dieu nous aime

E. Ni d'avoir faim, ni d'avoir foid

27) Pour le géographe Christophe Guilluy, comment s'appelle la classe sociale d'extraction populaire, blanche, qui opère un exode progressif vers le rural et le périurbain, à l'inverse des classes dirigeantes considérées comme bobos, multiculturelles et citadines ?

A. La France stratosphérique

B. La France qui gagne

C. La France désenchantée

D. La France périphérique

E. La France qui se lève tôt

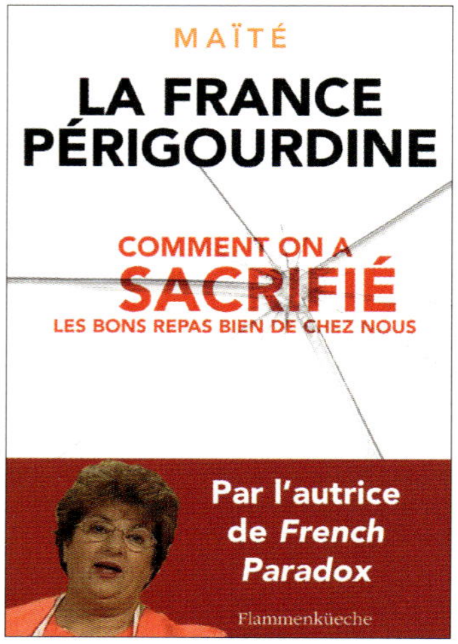

28) Dans le documentaire *Merci Patron* de François Ruffin, quel grand propriétaire décide de délocaliser en Pologne l'entreprise de textile basée à Flixecourt (80) ?

A. Bernard Tapie

B. Bernard Arnault

C. Patrick Drahi

D. Martin Bouygues

29) Dans quel film du cinéaste Italien Pier Paolo Pasolini peut-on entendre le « sermon sur la montagne » ?

A. *Jésus de Nazareth*

B. *L'évangile selon saint Matthieu*

C. *Les bronzés font du ski*

D. *Le Décaméron*

30) Dans quel roman de Romain Gary des scientifiques ont-ils trouvé le moyen de capter l'âme des morts pour remplacer les sources d'énergies conventionnelles ?

A. *Les Racines du Ciel*

B. *Gros-Câlin*

C. *Charge d'âme*

D. *La Vie devant soi*

31) Quel romancier a décrit pendant tout un récit les conditions de travail des mineurs du nord de l'Angleterre ?

A. George Orwell
B. G.K Chesterton
C. C.S Lewis
D. J.R.R Tolkien
E. J.K Rowling

32) Extrait : « *Au milieu du suicide occidental, il était clair qu'ils n'avaient aucune chance.* [Michel et Annabelle] *continuèrent cependant à se voir une ou deux fois par semaine. Annabelle retourna chez un gynécologue et recommença à prendre la pilule* ». De quel roman sont issus ces personnages ?

A. *Adieu Mademoiselle*, d'Eugénie Bastié
B. *Les Particules élémentaires*, de Michel Houellebecq
C. *La Profondeur des sexes*, de Fabrice Hadjadj
D. *Après la chute*, d'Olivier Rey
E. *Trop vite*, de Nabilla Benattia
F. *Radicalisons-nous !*, de Gaultier Bès

33) Aux dernières élections présidentielles, quel candidat a reçu la désapprobation totale de la rédaction ?

A. François Fillon
B. Emmanuel Macron
C. Marine Le Pen
D. Jean Lassalle
E. Aucun

34) En %, combien la publicité représente-t-elle dans notre modèle économique ?

A. 13%
B. 6 ,5 %
C. 0%
D. 2,1%

35) Les fondateurs de la revue se définissent eux-mêmes comme…

A. Des libéraux conservateurs
B. Des anarchistes conservateurs
C. Des réactionnaires modernes
D. Des sociaux-démocrates chrétiens

36) Parmi les personnalités suivantes, laquelle n'a jamais été interrogée par *Limite* (et ne le sera sûrement jamais !) ?

A. Daniel Cohn-Bendit
B. Noël Mamère
C. José Bové
D. Alain Finkielkraut

37) Il sert aussi bien à récurer les casseroles, détartrer, désodoriser, dégraisser et déboucher les éviers… Mais de quoi s'agit-il ?

A. Le savon de Marseille
B. Le vinaigre blanc
C. Le sucre brun
D. Le citron vert

38) Quels éléments sainte Hildegarde de Bingen nous conseille-t'elle de bannir de nos assiettes ?

A. La carotte et la salade
B. Le poireau et la pomme de terre
C. L'aubergine et la courgette
D. Le radis noir et la sauge

39) Cette poudre miracle 100% écolo blanchit les dents, adoucit la peau, facilite la digestion, désodorise votre intérieur, sert d'adoucissant pour la cuisine et les lessives, récure les sanitaires, tue les champignons au jardin… et remplace efficacement les shampoings industriels. Une idée ?

A. Le bicarbonate de soude
B. Le Destop
C. La poudre de Perlimpimpin
D. Le sel fin du Chili

40) Si l'on en croit Ivan Illich, dès que la vitesse de notre voiture dépasse un certain seuil, nous devenons prisonniers de la rotation quotidienne entre notre logement et notre travail. Mais quel moyen de transport préconise le penseur ?

A. Le métro
B. Le bus
C. Les transports amoureux
D. Le vélo

ÉVALUATION

ENTRE 0 ET 5 : AFFLIGEANT

Nous n'avons trouvé aucune trace d'écologie intégrale dans votre examen. Désolé, on ne peut vraiment rien pour vous. On vous offre un abonnement à l'Express.

ENTRE 6 ET 10 : ASSEZ NUL

Vous êtes assez nul. Mais avez-vous pensé à une réorientation ? Quittez votre job dans le conseil, et devenez « néopaysan », engagez-vous dans le social, allez coller des affiches pour le parti de la décroissance. Bref, on vous prescrit une année sabatique pour réfléchir au sens de votre vie.

ENTRE 11 ET 18 : ÉCOLOMÉDIOCRE

On vous conseille le redoublement. Dans votre cas, la relecture de tous nos numéros s'impose ! Non, ce n'est pas une tâche dans votre C.V, c'est simplement une remise à niveau, tocard !

ENTRE 19 ET 25 : ÉCOLO PARTIEL

Pas si mal mais êtes-vous sûr de travailler dans toutes les matières ? On vous prescrit un stage estival en permaculture, histoire de bétonner les fondements.

ENTRE 26 ET 32 : ÉCOLO INTÉGRAL DE PREMIER NIVEAU

Une année de lecture rigoureuse et une bonne digestion de l'écologie intégrale. Et si vous abonniez un ami pour l'aider à progresser ?

ENTRE 33 ET 39 : ÉCOLO INTÉGRAL CONFIRMÉ

L'excellence, le diamant brut. Maintenant que vous êtes à ce niveau, multipliez les abonnements autour de vous, allez porter la bonne parole.

40 SUR 40 : PAPE FRANÇOIS

En fait, vous êtes le pape François. Vous nous recevez en audience ?

RÉPONSES : **B, C, C, B, B, C, B, B, B, E, C, B, A, D, C, D, B, B, B, B, A, B, B, C, C, B, D, B, B, C, A, B, B, C, B, A, B, B, A, D**

pages dirigées par Eugénie BASTIÉ

Politique

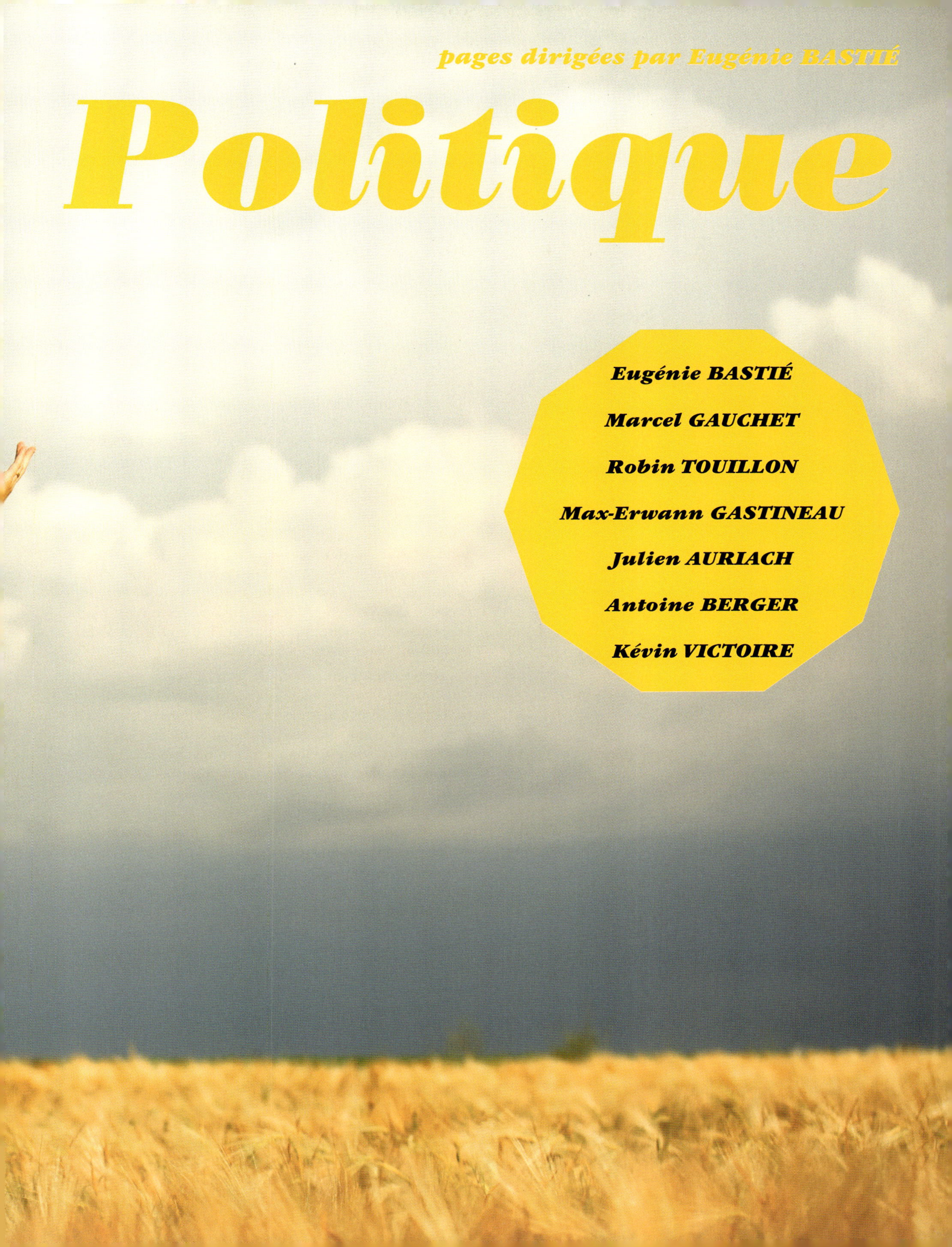

Eugénie BASTIÉ

Marcel GAUCHET

Robin TOUILLON

Max-Erwann GASTINEAU

Julien AURIACH

Antoine BERGER

Kévin VICTOIRE

« Je voyage non pour aller quelque part, mais pour marcher» écrit Robert Louis Stevenson dans Voyage dans les Cévennes avec un âne. Rien de macroniste dans cette sentence : lorsqu'en 1878, l'auteur de l'*Ile au trésor* part avec une bourrique nommée Modestine cheminer entre Le Puy -en-Velay et Alès, traversant le Gévaudan, le Mont Lozère et les Cévennes, ce n'est pas par « esprit de conquête », mais pour noyer un chagrin d'amour. Début avril, alors que le printemps venait tout juste d'éclore et que des plaques de neige marbraient encore le mont Finiels (pourtant ridiculement peu élevé), je me suis lancée dans les pas de l'écrivain écossais, non pour fuir quelque amour blessé, mais plutôt le spectacle émétique de l'arène politique et le tintamarre abrutissant des réseaux sociaux.

Stevenson a bien raison : la marche sert à tout, sauf à aller quelque part. « Marche » vient du mot germanique *marka*, qui signifie marque, mais aussi frontière. La marche n'est ni une route, ni une destination, mais une imprégnation. Alors oui, bien sûr il y a le plaisir de l'itinéraire, la satisfaction de manger avec ses pieds les rubans des cartes. Celle de gravir une côte pour apercevoir un nouvel horizon. La joie d'avancer, qui est peut-être la plus humaine des joies. Un progrès dont le bonheur vient précisément de sa lenteur. La carte disparait sous le territoire. Les pas sont mis bout à bout l'un après l'autre, d'abord arrachés puis consentis. On retrouve le goût des minutes et le poids des distances. On sent le fardeau d'un corps et le prix de la lumière. Dans nos jambes élastiques qui dépassent tout ce qu'on aurait cru d'elles, le regard fixé sur les pierres du sol ou sur les cimes, on trouve une paix plus certaine que n'importe quelle drogue, un détachement plus complet que tous les divertissements qu'offrent les écrans et la ville. Sous les chaussures, un pays qui dure, dans le regard, des paysages inchangés. La beauté réconciliée avec l'effort. Des prairies, des châtaigniers et des sommets. Des tombes et des tracteurs. Le bruit des sources et le silence. Rien de l'Apocalypse prévue par les Cassandres des meetings. Rien des changements annoncés sur les chaines d'info continue. Pas de progressismes proclamés ni de conservateurs sur la défensive. Mais, partout visible, et vivante, la continuité, de la nature et des pierres, qui survivent aux réformes.

Par
Eugénie BASTIÉ
Journaliste au *Figaro*.
Rédactrice en chef Politique de *Limite*

En Marche

La Lozère est un des rares départements à avoir mis François Fillon en tête au premier tour. Mais là où nous marchons, dans la Lozère du sud, c'est Jean-Luc Mélenchon qui arrivera devant. C'est le berceau des Camisards, ces huguenots qui se sont révoltés contre les dragonnades au XVIIe siècle. Trois siècles après, la querelle religieuse, estompée dans les moeurs, rejaillit dans les urnes, et le rouge sang des protestants massacrés ressort sur les cartes électorales. Comme nous le glisse un forestier croisé au hasard d'un chemin : « Louis XIV, on n'a pas oublié ». Et quand on lui fait remarquer : « Ça fait trois siècles, tout de même », il répond : « Et alors, trois siècles, c›est rien. » Les bandeaux de BFM-TV peuvent défiler, loin des news et du flash, les caboches humaines sont plus têtues que les disques-durs. Le vieux monde est toujours là, et c'est tant mieux.

Nous sommes attachés en France à l'incarnation du pouvoir, et c'est sans doute une bonne chose, en ces temps de liquidité et de technocratie. Mais au Pont-de-Monvert, 300 habitants, l'écran allumé dans le PMU qui retransmet le débat des candidats à la présidentielle a des allures de spectacle de marionnettes. Au comptoir, les gens du coin haussent les épaules d'une saine indifférence. Et on se sent honteux d'attacher tellement d'importance à une élection. Dans son livre *Civilisation*, Régis Debray s'attarde sur la survalorisation de l'évènement, dont il fait une caractéristique de notre époque : « Plus nous sommes informés de ce qui arrive, moins nous appréhendons ce qui vient et qui s'en va ». De ce qui dure, aussi. Au bistrot cevenol, on sait distinguer l'écume des courants profonds.

Marcel Gauchet fait partie de ces sous-mariniers civilisationnels qui jettent leurs filets dans les profondeurs, par-delà l'écume des évènements. Il nous a accordé un long entretien, faisant l'archéologie du « nouveau monde » dans lequel nous sommes entrés au milieu des années 1970. Qu'est-ce que ce nouveau monde ? S'il est si difficile à définir, c'est que c'est sa complexité même qui le caractérise : tout ce qui était simple, direct, vertical (la transcendance, la tradition, le comptoir d'un bistrot) a disparu. La France était un point où se pouvait rencontrer l'universel et le particulier. Sans patrie, ni famille, ni villages ni aucune de ces médiations qui nous permettaient d'accéder à la vérité de l'abstraction, nous voilà esseulés, tournant sans repos sur nous-mêmes à la recherche de petits et vulgaires plaisirs (Tocqueville). Mais l'histoire ne s'arrête pas là. Nous sommes à la fin d'un processus : nous sommes au bout du « nouveau monde ».

L'éclatement individualiste est arrivé au bout de sa logique, faisant surgir au grand jour ses faiblesses. Le progressisme – qui est à la joie d'avancer ce que le sprint est à la marche – est, malgré les pétitions de principe, mort depuis longtemps. Il ne se maintient à bout de bras que par l'innovation technologique dont tout le monde sait pertinemment qu'elle n'apporte aucun bonheur durable. Le mondialisme est partout battu en brèche par le retour du local. La Lozère, qui a atteint son socle démographique le plus bas en 1990, se repeuple. Partout, l'histoire et la politique sont de retour. Chacun constate que le matérialisme de l'Occident accouche de stérilité spirituelle. Personne ne proclame la supériorité des supermarchés sur les cathédrales. L'impératif « Jouir sans entraves » nous parait aussi suranné que le droit féodal. Nous avons les plus beaux livres et les plus beaux paysages du monde. Nous ne cherchons pas à rassurer par des listes les optimistes. Simplement rappeler qu'on peut être conservateur et joyeux.

Cette élection a été celle des désillusions et des désenchantements. Elle a permis la victoire d'un candidat se proclamant progressiste, comme on aborde le fanion d'empires écroulés. Nous ne sommes pas progressistes, mais nous sommes chrétiens : cela implique de croire que la vérité finit par triompher de l'erreur, même si elle ne sera jamais complète en ce monde. L'histoire n'est pas une flèche vers l'utopie, mais, à la manière d'une coquille d'escargot, s'enroule autour des origines – qui nous attirent invinciblement – pour s'éloigner vers l'universel, qui nous entraine irrésistiblement. C'est dans cette tension tournoyante que s'est bâtie l'Europe. La marche se refuse à la ligne droite. Elle épouse les contradictions du terrain.

Être conservateur, c'est croire que l'humanité apprend de ses erreurs. Elle en fait de nouvelles, certes, mais lorsqu'on pointe du doigt les impasses, elle n'y reste jamais indéfiniment coincée. Ce n'est pas rester assis mais croire que l'homme est fait pour trébucher.

Marcel Gauchet

Après la crise totalitaire, l'histoire européenne doit faire face à la crise individualiste

Propos recueillis par Eugénie BASTIÉ

Illustrations de Charlotte GUITARD

Nous rencontrons Marcel Gauchet dans son bureau chez *Gallimard*, dans le VIIe arrondissement parisien. La fenêtre est ouverte, et donne sur un jardin où fleurissent des petits troupeaux de pâquerettes. Il fait beau, les murs sont tapissés de livres, et Marcel est d'humeur joviale. Il rit beaucoup, s'exclame, et prend les choses avec une bonhomie distante, un peu à la façon de ses livres, qui décrivent l'apocalypse individualiste avec une inéluctabilité sans tragique. Dans ***Le Nouveau Monde***, le tome IV de sa somme sur l'avènement de la démocratie, il raconte la dernière étape de la modernité qui s'est soldée dans les années 1970 par l'apparition de la mondialisation, et la reconnaissance effective que nul transcendance ne pouvait plus guider la politique.

Philosophe, historien, sociologue, Marcel Gauchet est une intelligence complexe qui décrit avec patience et minutie les ficelles qui sous-tendent un monde branlant auquel on ne comprend plus rien. Allergique aux idéologues, il se contente de dresser le constat passionnant des apories de l'Occident, nous faisant prendre conscience du processus dans lequel nous sommes prisonniers. Pour mieux nous échapper ?

Dans votre dernier livre, vous parlez de l'avènement d'un « nouveau monde » débarrassé du « noyau secret de la transcendance ». Sous quels aspects se déploie ce nouveau monde ?

L'avènement de ce « nouveau monde » n'est ni un accomplissement, ni une apothéose. Il résulte d'une implosion silencieuse qui a brouillé tous les repères sur lesquels les acteurs que nous sommes fondaient leur rapport au monde, qu'il s'agisse des rapports entre la société et le pouvoir, des relations entre les individus et le pouvoir ou du lien entre passé, présent et avenir. D'où le fait que nous soyons aujourd'hui désemparés, pris de vertige face à l'insaisissable qui semble plus que jamais caractériser notre temps.

Peut-être l'aspect le plus déconcertant de ce nouveau monde est-il le changement du rôle et du statut du politique dans la société. Nous n'entendons plus que le politique nous commande, qu'il ordonne d'en haut les canons de notre organisation collective. Nous affirmons vouloir faire sans lui, pouvoir nous passer de lui. Curieux paradoxe à l'heure où celui-ci n'a jamais été aussi présent dans tous les rouages de nos vies et sollicité de toute part, notamment par ses propres contempteurs. C'est un changement prodigieux : le politique n'est plus au-dessus de la société, il en est l'infrastructure. Il est passé aux antipodes du lieu qui était le sien depuis 5000 ans ! On conçoit que cela trouble.

À quand remonte ce basculement ?

Une implosion comme celle-là requiert un détonateur qui déclenche le mouvement, lequel, de proche en proche, finit par tout renouveler. Ce détonateur a été le choc pétrolier de 1973, qui a obligé à réviser de fond en comble notre modèle économique, en mettant les échanges avec l'extérieur au poste de commandement. Le nouveau monde, c'est donc d'abord la Mondialisation ; cette vaste reconfiguration des rapports entre l'Occident et le reste du monde, marqué par l'émergence de nouveaux pays industriels, comme le Japon en premier lieu et tant d'autres à sa suite.

En écho à l'école marxiste, vous faites de l'économie le réacteur des sociétés humaines, et donc du choc pétrolier un élément bien plus impactant que le choc culturel des années 1960-1970…

Pardonnez-moi, mais s'il y a un critique radical de l'économicisme marxiste, c'est bien moi ! On me reproche assez mon « idéalisme » ! Je parle d'un détonateur économique, pas d'une causalité, étant entendu que la transformation qui s'enclenche à ce moment-là est d'un ordre structurel qui déborde infiniment la sphère économique. Mais ce que je récuse tout autant, c'est l'explication par mai 68, clé de lecture paresseuse d'une droite ignare. De grâce, libérez-vous de ce cliché simpliste ! La crise de 68 était à deux faces. Elle associait un vieux révolutionnarisme avec un nouveau libertarisme. Mais pour que celui-ci l'emporte et prenne l'ampleur d'un phénomène social global, il a fallu la dissolution de l'illusion révolutionnaire, et cette liquidation, c'est le nouveau monde auquel le choc pétrolier a ouvert la voie qui l'a opérée. Cette page une fois tournée, la culture individualiste-hédoniste qui restait le fait d'une étroite avant-garde a pu gagner progressivement la société toute entière. S'ouvre une période dans laquelle les conservateurs ne savent plus quoi conserver et les révolutionnaires quoi détruire ; d'autant plus qu'à cette crise s'accumulent les effets de la décolonisation et de l'occidentalisation du monde, qui engendrent un nouvel espace social globalisé, vecteur de profondes transformations culturelles.

Ce que je récuse tout autant, c'est l'explication par mai 68, clé de lecture paresseuse d'une droite ignare. De grâce, libérez-vous de ce cliché simpliste !

La remise en cause de l'État comme agent régulateur de l'économie est pourtant postérieure au délitement des institutions traditionnelles qui structuraient l'ancien monde, comme la famille. Ne doit-on donc pas voir la crise économique des années 1970 comme le prolongement logique d'une crise plus profonde, sociétale, existentielle ?

Je ne le pense pas. Distinguons avec soin les aspirations utopiques, à valeur confusément annonciatrices, des conditions réelles dans lesquelles les transformations ont lieu. La remise en question de la famille et de l'autorité en général dans les années 1960 est culturellement importante, mais ne débouche que sur des changements limités dans la société. Mai 68 a de ce point de vue échoué dans son ambition radicale, ne faisant qu'entretenir le mythe d'une société délivrée de toute verticalité (dans l'école, la famille, etc.). Concrètement, c'est l'acception nouvelle de la notion des droits individuels qui s'est imposée à la faveur de ce que j'appelle « le second moment des droits de l'homme », après 1975, qui va asseoir la suprématie de l'individu sur les structures sociales héritées du passé. Le nouveau monde était inimaginable pour les soixante-huitards.

Face au triomphe de l'individualisme, vous faites le constat d'un retour du religieux et des particularismes identitaires. Sont-ce des résidus de l'ancien monde, appelés tôt ou tard à disparaître, ou, à l'inverse, des protagonistes à part entière du monde qui vient ?

Ne confondons pas les données réelles du processus qui met en crise les institutions traditionnelles et le fantasme d'un monde indéterminé, où il n'existerait plus que des individus tenus par le droit, le contrat et le marché. Derrière la Mondialisation et les illusions de perspective qu'elle entretient, il y a une réalité fort différente : le triomphe partout dans le monde des États-Nations ; États qui, du fait de leur interconnexion croissante, cherchent à affirmer leurs particularités nationales. Nous sommes donc en train d'assister à la revanche de ce que l'idéologie a oublié : les hommes vivent et entendent continuer à vivre dans le cadre de frontières nationales.

Sur le terrain du débat public, notre temps est donc marqué par cette contradiction entre le discours onirique tenu par les pourfendeurs du vieux monde et la résistance obstinée de données constitutives, délégitimées dans leur aspect traditionnel, mais toujours bien présentes. Il est permis de penser que, de cette contradiction, naîtra une nouvelle phase, où il s'agira d'établir un équilibre entre l'affirmation du droit des individus et le besoin de préserver les structures collectives qui donnent à ces droits leur existence concrète. Il ne tient qu'à nous de mettre en oeuvre cette dialectique inscrite dans les termes de la situation.

Dialectique féconde ou retour de balancier ! L'affirmation du libéralisme n'a pas laissé le XXe siècle indemne. Après le contre-coup totalitaire, peut-on imaginer pareille réaction au XXIe siècle ?

Nous nous trouvons dans un cycle de crise comparable à celui qui s'est joué entre 1870 et 1914. À ceci près que cette première crise du libéralisme, qui a débouché sur l'assaut des totalitarismes à l'issue de la première guerre mondiale, s'est déroulée à l'ère des masses, alors que la seconde crise, la nôtre, se produit à l'ère des individus. Cette différence fait que les deux crises se présentent sous des signes inverses. À l'ère des masses, quand les dites « masses » étaient supposées faire l'histoire, l'idée motrice était d'instaurer des régimes de type holiste, forts peu soucieux du degré de liberté accordé aux individus. À l'ère des individus, c'est le primat de l'individu sur le collectif qui prédomine. Il s'agissait hier de préserver l'individu contre l'oppression du collectif. La tâche d'aujourd'hui réside dans la redécouverte du collectif par les individus. Après la crise totalitaire, l'histoire européenne doit faire face à la crise individualiste, la grande question étant de savoir si nous survivrons à cette dernière…

Pour décrire cette seconde crise de la démocratie libérale, vous parlez de « tournant théologico-politique », d'éradication « de toute transcendance incarnée dans le fonctionnement collectif ». Une société est-elle viable sans transcendance ? Peut-on vivre ensemble sans transcendance commune ?

De quelle « transcendance » parle-t-on ? Tout est là. Une société sans transcendance est possible, à la seule condition de mettre quelque chose à la place de celle que la transcendance occupait autrefois. Il y a une auto-transcendance de l'humanité, qui s'incarne dans la responsabilité de chacun face à ce que l'aventure humaine produit et peut produire. Notre nouvelle transcendance, autrement dit, c'est l'histoire. L'homme ne se fait pas tout seul. Nous sommes des héritiers, et des héritiers desquels dépend totalement de quoi l'avenir sera fait. Cette obligation à l'égard du devenir du monde, nous ne cessons de reconnaître tacitement. Quand nous recueillons pieusement les débris de ruines d'un site archéologique, nous reconnaissons implicitement la richesse de sens contenue dans les manifestations du passé ; d'où notre respect pour la diversité des modes d'expression culturelle, quand bien même elles nous paraissent incongrues. Par ces actes, nous faisons l'expérience d'une communauté de sens inter-générationnelle, nous attestons de l'existence d'une transcendance de l'aventure humaine par rapport à ses acteurs du moment, la prégnance de chaînes qui nous relient à nos pères, contrairement à ce que prétend l'individu post-moderne.

Le moment totalitaire stalinien se voulait l'accomplissement de l'Histoire. L'illusion de notre temps, elle, réside dans le fait de croire que nous sommes délivrés de toute inscription historique. Or si l'on prend cette inscription au sérieux, si nous en venons à nous sentir comptables d'une histoire, alors notre rapport au politique change, ainsi que l'ensemble de nos interactions sociales, comme notre manière d'aborder certains problèmes, tel que celui de l'éducation. Bien sûr qu'il s'agit aussi de préparer les jeunes à un métier. Mais il s'agit d'abord de les introduire dans une aventure collective, de leur donner les moyens de se poser en acteurs responsables d'un devenir, fruit d'un passé qui oblige et inscrit l'homme dans un récit collectif.

Un des piliers de la démocratie, et du principe majoritaire qui la sous-tend, réside dans l'idée de citoyenneté ; soit l'idée que par la délibération collective nous nous portons co-responsables du devenir d'une collectivité humaine particulière dont nous sommes les héritiers. Ce sentiment de responsabilité n'est-il pas antonymique à l'idéal d'émancipation inhérent à la Modernité, qui entend délivrer l'homme de tout ancrage culturel ?

Votre proposition est beaucoup trop générale. Ce dont vous parlez est une perversion momentanée de l'idéal d'émancipation et non sa vérité substantielle. Au point de départ, il s'agit de se soustraire à l'emprise d'une tradition inquestionnée, mais cela au profit d'une appropriation raisonnée du sens de l'histoire déposé en elle. C'est-à-dire au profit d'un ancrage culturel supérieur. Mais en fait, cette démarche s'appuyait, depuis le XVIIIe siècle, sur un fond maintenu de continuité traditionnelle avec le passé. C'est cet appui qui s'est brutalement dérobé, en nous coupant de la présence vivante du passé. C'est cette rupture qui crée la crise de l'enracinement culturel propre à notre époque. Ce n'est pas le projet d'émancipation en tant que tel. Cela signifie que celui-ci est à reformuler, notamment sous l'aspect de la réappropriation sensée de l'héritage du passé et de la reconstruction d'un ancrage culturel. Simplement, désormais, il n'est plus donné, il faut le vouloir. Le niveau des exigences monte !

D'où les difficultés de l'enseignement de l'histoire. Auparavant, le lien avec le passé se manifestait sur un mode légendaire, ce que traduit l'expression de « roman national ». Ce dernier est mort et enterré. Toute nostalgie est

S'il y a bien quelque chose dont tout le monde a peur, c'est bien d'un univers où tous les êtres seraient immortels. Ce serait l'enfer.

vaine à cet égard. Car ce qui compte aujourd'hui, ce n'est pas le récit, c'est le sens. Notre conscience historique est plus exigeante que celle de nos ancêtres patriotes de 1914. Nous voulons non seulement connaître le passé en fonction de faits précis et avérés, mais, surtout, nous voulons nous en réapproprier le sens, que le passé serve à dissiper le brouillard ambiant, nous éclaire quant aux origines de nos maux et à la direction que notre société doit prendre pour les résoudre. Mais il y faut un travail considérable.

La crise de la citoyenneté est une crise de la conscience historique, de l'impossibilité contemporaine de se sentir comptable de quelque chose de plus grand que soi. Dans un tel moment de crise, nous devons à la fois chercher à comprendre ce que nous avons perdu, et qui n'adviendra plus, et trouver les ressources permettant de surmonter la crise, de reconstruire un récit collectif riche de sens.

Encore faudrait-il pour cela qu'un consensus se dégage sur la France et son passé…

Ce consensus ne s'établira pas tout seul ! Il ne peut naître qu'au terme d'une confrontation d'interprétations opposées et d'un moment de délibération publique. En réalité, cette dispute est déjà engagée d'une manière confuse. Rendons-là plus explicite et plus méthodique. Nous sommes en train de tourner la page de la déconstruction, avec ses aberrations et ses surenchères excentriques. Attaquons-nous pour de bon au travail de reconstruction, au lieu de perdre trop de temps à batailler contre des âneries sans grande portée.

Sur quoi fonder les limites en démocratie ? Le transhumanisme semble les repousser sans cesse…

Il repousse quoi ? L'âge de la mort, mais pas la mort, en dépit des rêves fanatiques d'une poignée de délirants californiens. S'il y a bien quelque chose dont tout le monde a peur, c'est bien d'un univers où tous les êtres seraient immortels. Ce serait l'enfer. On repousse les limites, mais on ne les abolit pas. Il ne faut pas céder au fantasme conservateur qui pousse à croire que notre monde détruit les limites : il les brouille, ce qui est très différent. Mais ce qu'il brouille est toujours là : simplement, pour le retrouver, il faut un mode volontaire. Ce qui faisait la force de la tradition c'est qu'elle était un univers paresseux : nous étions héritiers et avions un accès vertical et direct à la transcendance. Nous, nous devons récupérer volontairement, par un travail intellectuel, le lien avec le passé qui ne nous est plus donné.

Mais tout de même, le progrès semble encore une utopie bien vivante…

Avant de devenir éventuellement une utopie, le progrès est d'abord une manière de se situer dans le temps : il est possible que demain soit meilleur qu'aujourd'hui, cela ne dépend que de nous. C'est le schème élémentaire qui guide nos actions au quotidien. Mais il ne dit rien de ce que peut être ce futur meilleur. Son contenu est indéterminé. Il a pris souvent en effet la figure d'une foi aveugle dans l'avancée automatique de la raison, de la liberté et du bonheur général. Mais il n' y a aucune nécessité à cela. Il est parfaitement possible de lui donner un tout autre visage. S'il y a un tel marasme intellectuel et spirituel dans nos sociétés, c'est précisément parce que cette version naïve du Progrès ne fonctionne plus. L'utopie néolibérale qui a pris la relève de l'utopie totalitaire en nous promettant plus de richesses, plus de moyens techniques, plus de droits individuels, fait de moins en moins recette.

De même que le totalitarisme s'est heurté à la réalité triviale de la liberté de l'homme qui l'a condamné à mort, de même l'utopie d'un monde interchangeable est vouée à s'effondrer. Mais l'au-delà de cette utopie que nous avons à concevoir sera bel et bien un progrès… Un progrès qui, cette fois, ne se fera pas tout seul. Le grand, le suprême progrès qui est en germe dans la situation consiste dans cette responsabilisation.

De manière générale, l'erreur politique à ne pas commettre, c'est de prendre au sérieux le discours utopique. Il y a aujourd'hui un discours alarmiste qui consiste à prendre le post-modernisme déconstructiviste comme s'il était la réalité. Il faut savoir discerner au contraire que c'est un discours abracadabrant qui n'a aucun lien avec une quelconque réalité fonctionnelle. Le danger de la lutte contre l'idéologie, c'est d'opposer une idéologie à une autre. C'est le sens du réel qu'il faut lui opposer.

À vous lire, l'histoire a un sens inéluctable. Où est la liberté ?

Ce que je dis dans ce livre, c'est que la crise actuelle que nous vivons est l'aboutissement d'un processus multiséculaire. Il se trouve que l'histoire européenne des cinq derniers siècles correspond à un déroulement d'une profonde cohérence, même s'il est loin d'avoir été linéaire. C'est un fait. Mais pour commencer, rien n'obligeait à ce que ce parcours ait lieu. Il ne relève d'aucun déterminisme inéluctable qui l'inscrivait d'avance dans le plan de l'histoire universelle. Ensuite et surtout, son résultat actuel est de nous mettre au défi d'exercer pour de bon notre liberté à la plus vaste échelle. Il nous précipite dans un pétrin remarquable dont nous ne pouvons nous tirer que par un violent effort de volonté collective. Au lieu par conséquent de se réclamer dans l'abstrait d'une liberté de principe, montrons concrètement que nous sommes dignes de cette liberté que nous revendiquons si fièrement ! ●

Pour un ordre international limité : l'écho de Cocoyoc

1974 : c'est la date où nous entrons dans le nouveau monde selon Marcel Gauchet, le choc pétrolier nous faisant basculer dans la globalisation. C'est aussi la date de la *Déclaration de Cocoyoc* (Mexique), publication dans laquelle divers experts internationaux vont jeter les bases d'un nouvel ordre international, qui respecte davantage l'autonomie des nations, tout en mettant l'écologie politique au centre des préoccupations. À l'heure où les débats entre protectionnisme et libre-échange, « patriotes et mondialistes » n'ont jamais été aussi vifs, ce manifeste pour une autre mondialisation peut devenir une feuille de route pour les peuples qui veulent retrouver la maîtrise de leur destin.

Par Max-Erwann GASTINEAU

Diplômé d'histoire et de sciences politiques. Membre de la rédaction de *Limite*

Alors que notre temps se plaît à troquer l'histoire pour la mémoire, pensant ainsi apaiser le feu des passions populaires par les larmes de l'expiation, il manque l'analogie suprême : 1870 et 1970 ; deux dates charnières dont nous n'avons pas fini de voir les effets produire les mêmes conséquences ?

Les années 1870 marquent les débuts de la « première mondialisation », fruit de la baisse du coût des transports et de la nécessité d'écouler le flot de marchandises produit par les progrès de l'industrie. L'interconnexion croissante des nations qui en découle plonge les rapports sociaux figés et couverts de rouille dans le chaudron du productivisme et de l'uniformisation des modes de vie, désormais adossés aux rythmes des saisons de l'Offre et de la Demande. Pour décrire ce bouleversement général, Karl Polanyi parle de « *désencastrement de l'économie de l'ensemble des règles sociales* ». Comme l'explique le penseur hongrois dans *La grande transformation*, alors que l'échange s'opérait sur le mode de la coopération de bon sens entre communautés, créant une « société des obligés » marquée par l'esprit du don et la quête d'une prospérité frugale et partagée, l'économisme triomphant entérina le primat du marché sur le respect des équilibres naturels et sociaux. « *Ce n'est que dans le cadre et les limites d'une économie de marché généralisée*, précise Polanyi, *c'est-à-dire d'un système interdépendant de marchés autorégulés que les motivations humaines se réduisent aux deux seuls mobiles de la peur de mourir de faim et de l'appât du gain monétaire. (...) Seule l'économie de marché autorégulée se présente comme « dissociée » de la relation sociale.* »

Un siècle plus tard, les années 1970 marquent les débuts de la « seconde mondialisation ». Les régulations érigées après-guerre pour domestiquer le capitalisme volent en éclat, Droite et Gauche convergent pour *adapter* la société à la nouvelle donne économique, empruntant tour à tour les accents millénaristes du théoricien du libre-échange, David Ricardo. « *Dans un système de parfaite liberté du commerce, chaque pays consacre naturellement son*

Années de Guerre Froide, les années 1970 virent parallèlement les pays non-alignés organiser la riposte, proposant au monde une troisième voie, entre l'option soviétique et l'option capitaliste

capital et son travail aux emplois qui lui sont le plus avantageux. La recherche de son avantage propre s'accorde admirablement avec le bien universel. En stimulant le travail, en récompensant l'esprit d'invention, et en tirant le meilleur parti des facultés particulières de la nature, cette recherche favorise la répartition du travail la plus efficace et la plus économe ; dans le même temps, en augmentant la masse totale des productions, elle répand partout le bien-être, et réunit par le lien de l'intérêt et du commerce réciproque, les nations du monde civilisé en une société universelle. » Pensé il y a plus de deux cents ans, ce monde, où l'intérêt aiguise la passion du semblable, est le nôtre. Fin de l'Histoire ?

La troisième voix écologique

Années de Guerre Froide, les années 1970 virent parallèlement les pays non-alignés organiser la riposte, proposant au monde une troisième voie, entre l'option soviétique et l'option capitaliste. Émise à l'issue de la Conférence des Nations Unies de 1974 tenue au Mexique dans la ville de Cocoyoc, cette troisième voie prit corps à travers la publication par plusieurs experts venant pour la plupart des pays du Sud de la *Déclaration de Cocoyoc*, dont voici les premiers termes : « *Gouverner, c'est essayer de guider les nations, avec leurs intérêts divergents (…), vers un nouveau système qui soit capable de mieux articuler les « limites intérieures » des besoins humains essentiels et de le faire sans violer les « limites extérieures » des ressources planétaires et de l'environnement.* »

Pour les rédacteurs de cette déclaration, coupables de voir les fondements anthropologiques de chaque civilisation comme le village Potemkine des partisans du repli et du retour à la bougie, les *helpers* de Ricardo sapent les assises du monde, jouant contre l'homme et son besoin fondamental d'enracinement ; de demeurer le membre actif d'une société dont l'économie est l'auxiliaire et non le principe directeur, l'agent opérateur d'un arraisonnement continu des rapports humains par l'entremise d'une technique divinisée, accoucheuse de dérèglements écologiques.

De la nécessaire « autonomie des nations »

« *Nous avons tous besoin de redéfinir nos buts, d'adopter de nouveaux modes de vie, avec des comportements de consommation plus modestes chez les riches. Même si la priorité est de sécuriser le minimum vital, nous devrions étudier ces stratégies de développement qui pourraient aussi aider les pays prospères, pour leur propre intérêt, à trouver des modes de vie plus humains, exploitant moins la nature, les autres, et eux-mêmes.* » Face au culte de l'homo economicus, qui fait des terres du sud des ressources à exploiter pour les multinationales et des peuples du nord des consommateurs, la Déclaration de Cocoyoc prône une forme de coopération internationale axée sur la gestion internationale de « biens communs » (la protection de la biosphère), la conscience partagée d'habiter un espace fini, aux ressources universellement limitées, et l'édification d'un système juridique solide, à même de permettre « *l'autonomie nationale* » (la « *self-reliance* » disait Gandhi), notamment sur les ressources énergétiques. « *Le développement d'un système international compatible et capable de supporter les évolutions vers plus d'autonomie est tout aussi nécessaire. (…) L'autonomie au niveau national implique un détachement temporaire du système économique actuel. Il est impossible de développer l'autonomie au travers de la participation pleine et entière à un système qui perpétue la dépendance économique.* »

Nulle indépendance ou autonomie dans l'horizon labellisé CETA et TAFTA qui se dresse devant nous comme comble de l'ultime revanche de Ricardo sur Polanyi. Face à cette perspective, Cocoyoc peut être vue comme une alternative crédible au désordre libre-échangiste, l'ébauche du premier manifeste international d'écologie politique, jalons d'un ordre international bioconservateur, car soucieux d'articuler coopération des peuples et sollicitude envers les limites naturelles et culturelles de chaque société, porteurs d'une dé-mondialisation consciente de la responsabilité des hommes à l'égard du devenir du monde. ●

À lire

La Grande transformation, *Karl Polanyi*, Gallimard

Comment la mondialisation a tué l'écologie, *Aurélien Bernier*, Mille et une nuits

***« À la conférence de Cocoyoc, le Sud liait écologie et égalité »*, in Le Monde Diplomatique N°693, décembre 2011**
Aurélien Bernier

Le Roi ou la Banque !

Par Robin TOUILLON

Illustration de Nicolas PINET

Et si, loin d'être le sombre despotisme qu'on nous dépeint, la royauté avait été au contraire un rempart protecteur contre la tyrannie de l'Argent ? C'est l'avis de Robin Touillon qui préfère la monarchie sociale à la démocratie de marché.

En 1579, le comté de Bourgogne enregistre un édit royal limitant la journée ouvrière à huit heures, et assurant aux travailleurs un logement ainsi que des congés lors des fêtes religieuses. Au XIXe siècle, la condition des ouvriers s'est considérablement dégradée, la journée de travail dépassant souvent les douze heures, et pouvant aller jusqu'à dix-huit. Voilà ce qu'il convient d'appeler le Progrès…

LA MONARCHIE PROTECTRICE

La France d'Ancien Régime, bien loin d'être le sombre despotisme que l'on voudrait nous faire croire, était riche en solidarités et « hérissée de libertés ». Le paysan de jadis travaillait dur, sans doute, mais il demeurait sur sa terre, celle qui fut labourée par ses pères et qu'il léguerait à ses fils. En été, la besogne était rude, mais l'hiver permettait de se reposer. Le dimanche, bien sûr, était sacré. Noël, Pâques, et diverses fêtes chrétiennes étaient fériés. On comptait ainsi près de trois mois chômés durant l'année. Nous étions alors bien loin des fermes-usines et de la concurrence déloyale que nous connaissons aujourd'hui, et qui poussent un agriculteur à se suicider tous les deux jours.

Les artisans étaient encadrés par les corporations. Le jeune apprenti recevait l'enseignement du maître, par qui il était logé et nourri. Il s'exerçait à un métier, perfectionnait son art en recevant le soutien de ses pairs. Les jurés veillaient sur les conditions de travail, contrôlaient la qualité de l'ouvrage, limitaient la taille des organisations, garantissaient l'honnêteté des ventes. Contrairement au syndicat moderne qui repose sur le face-à-face stérile des exploités et des exploiteurs, qui oppose des employés et des patrons indifférenciés, réunissant dans une même classe des boulangers et des menuisiers aux intérêts pourtant si différents, la corporation, elle, rassemblait les gens d'une même profession pour leur permettre de s'organiser entre eux, à travers une émulation respectueuse et constructive. Plus encore qu'une protection sociale, c'est une seconde famille qu'elle offrait à ses membres.

Le commerce était fermement réglementé. Le grain ne pouvait être vendu qu'au marché public, aux horaires autorisés, et au prix fixé. La population locale se servait en premier, rien ne pouvait être exporté avant que chacun ne fût pourvu. C'est Turgot qui décréta la libéralisation du commerce des grains en 1774, appliquant les idées libérales des physiocrates. Les effets ne tardèrent pas à se faire sentir. Dès l'année suivante, une grave disette frappa le pays. La pénurie de quelques régions fut aggravée par la spéculation des marchands stockant les blés pour accroître leurs profits. La population se révolta, et cette guerre des farines contraignit Louis XVI à rétablir les prix et à organiser la distribution du pain. Le bon roi, « père des pauvres », hélas, ne serait bientôt plus là pour freiner l'expansion du libéralisme.

LA DÉMOCRATIE CAPITALISTE

La Révolution de 1789, présentée par la mythologie républicaine comme un magnifique soulèvement populaire, peut aussi être interprétée comme la prise de pouvoir de la haute bourgeoisie, au nom du peuple, contre le peuple. Deux mois après la grandiloquente *Déclaration des droits de l'homme et du citoyen*, l'interdit séculaire de l'usure est renversé. Tandis que l'on pille les églises, de nouvelles banques s'installent un peu partout. Quant aux droits des provinces, des villes et des corporations, ils font partie de ces « privilèges féodaux » abolis la nuit du 4 août. La dissolution de ces communautés solidaires est confirmée par le décret d'Allarde en 1791, puis par la loi Le Chapelier interdisant toute association des travailleurs « pour leurs prétendus intérêts communs ». L'individu se trouve désormais seul et démuni devant la loi d'airain du marché : le prolétaire est né. L'âge des « misérables » peut commencer, où les femmes et les enfants n'échapperont pas à la plus cruelle indigence.

Ce terrible XIXe siècle n'était-il qu'une étape douloureuse mais nécessaire avant l'avènement d'une république plus juste ? Fallait-il souffrir la misère et la famine, l'exploitation brutale, le XXe siècle et son cortège d'horreurs, pour qu'advienne enfin la démocratie ? Il est vrai que le confort matériel des pays occidentaux s'est accru. Cependant, cette relative opulence est acquise par l'exploitation du tiers monde, en dévastant notre environnement, en tolérant des inégalités qui n'ont jamais été aussi criantes, en sacrifiant, en outre, la beauté et la grandeur, la charité, l'héroïsme et la spiritualité, tout ce qui fait que la vie mérite d'être vécue.

Le suffrage universel ne peut que sanctionner le choix d'une majorité précaire. Le pouvoir du Nombre ne peut qu'induire le règne de l'Argent.

Le citoyen français se flatte d'être libre car il met un bulletin dans une urne une fois tous les cinq ans, pour élire un candidat qui ne tiendra pas ses promesses. Une sixième république ne vaudrait pas mieux que les cinq précédentes. Les volontés individuelles ne peuvent influer sur un État centralisé et technocratique. Le suffrage universel ne peut que sanctionner le choix d'une majorité précaire. Le pouvoir du Nombre ne peut qu'induire le règne de l'Argent. Tandis que des dirigeants fantoches se succèdent, prêts à tous les mensonges et à toutes les soumissions pour garder leur poste, les patrons du grand Capital continuent à tenir les rênes. À la monarchie de droit divin s'est substituée la monarchie de droit bancaire. « La démocratie est la forme politique du capitalisme », disait Bernanos.

L'HYPOTHÈSE MONARCHISTE

Le monarque, situé au-dessus des partis, souverain de tous les Français, détenant un titre inaliénable, apparaît comme le seul rempart à l'empire de l'argent. Le principe héréditaire trace un cercle lilial, trempé du sang des rois, à l'intérieur duquel l'or ne peut pénétrer. La France, son peuple, sa terre et sa culture, constituent le patrimoine de la famille royale, qu'elle incarne et transmet de génération en génération, conservant la nation à travers les siècles. La monarchie fédérative, forte et autoritaire en son sommet, mais conférant des libertés réelles aux communautés, permet une démocratie de proximité, la seule qui soit vraiment possible.

Évidemment, aucun régime n'est parfait. La royauté avait aussi ses défauts, ses excès, et n'est pas tombée pour rien. Elle a contribué à la centralisation administrative et n'a pas su gérer l'expansion de la bourgeoisie, ce qui a sans doute causé sa perte. Néanmoins, alors que nous constatons de plus en plus la supercherie de nos démocraties, l'impasse où elles nous mènent, il serait opportun de s'inspirer de la monarchie et des valeurs qu'elle porte : l'amour du prochain contre un universalisme généreux se payant de mots, l'entraide locale contre la concurrence globale, l'honneur chevaleresque contre l'ambition carriériste, la poésie galante contre le consumérisme sexuel, la longue durée contre la rentabilité immédiate, la tradition millénaire contre le progressisme destructeur, la hiérarchie vers la transcendance contre le nivellement marchand, l'élévation spirituelle contre le ressentiment matérialiste. En un mot, l'élection divine contre la fraude électorale. •

Reportage

La campagne parisienne, vue de la campagne berrichonne

**Par Julien AURIACH
et Antoine BERGER**

Les agriculteurs votent à droite, croit-on savoir. Ceux du Berry ne dérogent pas à la règle. Mais sont-ils allés jusqu'à voter le Pen au second tour ? La candidate du Front National a axé sa campagne sur les laissés pour compte, ceux à qui ne profite pas la mondialisation. Loin des villes où l'on consomme, loin des ports où l'on exporte, loin de Bruxelles où l'on décide, les agriculteurs pouvaient constituer un bastion d'électeurs frontistes. Qu'en est-il vraiment ? Reportage en terres berrichonnes.

Alors que la trayeuse se met en marche, France Inter crache sa matinale. Dans sa ferme de Cléré-du-Bois, dans l'Indre, Bruno Bardon est fidèle à son rituel. À la traite du matin : *le 7-9* ; à celle du soir : *le Téléphone sonne*. Affairé au pis de ses vaches jersiaises, ce producteur de lait bio tend toujours une oreille perplexe. S'il a voté le Pen au premier tour ? Sûrement pas. Macron ? Guère plus. Pour lui, c'était Mélenchon, « le candidat de l'humain, y compris en agriculture. » Un choix cohérent avec sa conception du métier : une exploitation familiale, encadrée, respectueuse de l'environnement. Engagé au sein de la Confédération Paysanne (voir encadré), un syndicat minoritaire, ancré à gauche, Bruno Bardon fait figure d'exception dans un monde agricole peu enclin à se passionner de politique. À table, lorsqu'il évoque la campagne électorale, ses enfants lèvent les yeux au ciel. « Encore de la politique… » soupirent-ils.

En 2012, le candidat de la France insoumise n'avait recueilli que 6 % des voix chez les agriculteurs. Cette année, il a plafonné à 7 %. Loin de son score national. Loin aussi des 41,5 % qu'a recueilli François Fillon au premier tour. Le vote paysan a toujours penché à droite,

Bruno BARDON

Frédéric MARES

Arnaud de GANAY

en faveur d'un parti qui incarne une stabilité morale et économique chère aux exploitants. Un attachement historique indépendant de la progression du Front National, pourtant patente dans les campagnes. C'est d'ailleurs dans les communes rurales qui comptent le plus grand nombre d'agriculteurs que le Front National réalise ses moins bons scores. Malgré les crises profondes, malgré les échecs des gouvernements successifs à les résoudre, le monde agricole refuse encore la rhétorique frontiste.

Dans la cour de sa ferme de Givaudins (Cher), Michel Cartier sautille sur sa demi-tonne de purin d'ortie, « pour que ça macère ». Après trois semaines de ce traitement quotidien, la mixture est filtrée, puis pulvérisée sur ses cents hectares de céréales. « Ça fera un bon fongicide. Petit à petit, on essaie de sortir du système des produits phyto'. On n'a plus les moyens d'engraisser tout le monde, coopératives et détaillants » explique le responsable local de la Coordination Rurale (CR). À quelques kilomètres de Bourges, l'homme en bleu de travail a fait le choix d'une agriculture de conservation, moins gourmande en produits chimiques et en travail des sols.

Une fois dans son salon, le syndicaliste aux allures d'adolescent, posément engagé vers ses soixante ans, avoue : « Quand il fait beau, que je n'ai rien à faire, je téléphone à un ami et on va sauter en parachute. C'est à lui que je vends mes chutes de blé pour qu'il nourrisse ses poulets. » Quand on parle politique, il rappelle d'abord que son syndicat n'en fait pas, « tu ne peux pas être élu et rester chez nous, il faut choisir ». Mais il faut bien voter, alors au nom de « l'exception agriculturelle aussi bien que l'exception culturelle », il s'est prononcé cette année pour Nicolas Dupont-Aignan. Une question de programme, mais aussi une question d'homme : ils se sont rencontrés l'année dernière et le courant est bien passé. « Il est très bien entouré », ajoute-t-il.

Même constatation chez Frédéric Mares. Bien calé dans son fauteuil d'osier tressé, il enfonce le clou : « sur l'agriculture, les programmes de Marine le Pen comme de Fillon n'étaient pas sérieux ». Dans un salon empli de souvenirs de Tunisie, cet homme aux cheveux blanc satin, sirote un vin d'orange avec son fils Frédéric, revenu des champs. « Je le fais avec des maltaises que je coupe en dés et que je fais macérer avec un peu de rhum, confie-t-il. Ces oranges ont une valeur sentimentale pour moi ». D'un doigt noueux, il montre une vieille photo. L'ancienne exploitation de son père, pied noir, qui s'est installé à la Celle dans le Cher après avoir fui la Tunisie. Les 230 hectares qu'il a reçus en héritage, et qu'il cultive actuellement, leur ressemblent beaucoup. Frédéric et lui sont inscrits à la Coordination Rurale. « Il faudrait que l'État nous garantisse un prix minimum d'achat sur nos productions, ajoute le fils, et ça, Dupont-Aignan l'avait bien compris. C'est le seul moyen pour que nous puissions vivre directement de notre travail, et non des subventions de la PAC. »

Dans une exploitation agricole, il y a bien des problèmes à résoudre. Il y en a un toutefois qui paraît simple, celui des prix : « quand la coopérative nous achète 130 euros la tonne de blé, comme ça a été le cas cette année, ce n'est pas assez», raconte Frédéric. Alors il y a bien les primes forfaitaires, mais elles ne reflètent pas le travail réel. « Si on veut être rentable sans prime, il faut gagner sur des activités annexes, comme les panneaux photovoltaïques ou les chambres d'hôtes. Mais quand ce n'est plus le coeur du métier qui nous fait vivre, c'est une situation bizarre. » Voilà – entre autres choses – ce qu'il a en tête, lorsqu'il pulvérise son champ le matin, rangée rectiligne après rangée bien droite, depuis la cabine de son tracteur brinquebalant.

« On va pas se mentir, on est la seule profession qui a bénéficié de l'Europe ». Le dernier mot d'Arnaud de

Ganay se perdrait presque, couvert par le meuglement des génisses. Dix mètres sous les néons, sur le sol de la stabulation (l'étable moderne), les Limousines, Charolaises et Montbéliardes fixent l'exploitant de Lantan (Cher). Chaussures de cuir et chemise à carreaux, finement rasé, le quadragénaire fait le tour du propriétaire. Ici, une cinquantaine de bêtes, les six cents autres sont à la pâture. De temps en temps, il s'explique : « Les agriculteurs allemands, ou polonais ? Ils n'ont pas de problème avec l'Europe. Le problème est français. Quand Bruxelles impose d'être clean, l'administration française nous veut deux fois plus cleans » sur l'application des directives économiques et environnementales.

À l'arrière de sa voiture, Michel Cartier affiche une revendication : rehausser les prix des denrées agricoles. Il a trouvé une réponse dans le programme de Nicolas Dupont-Aignan, qui proposait des « prix-planchers ».

Le 23 avril, il votait donc Fillon. Pas seulement pour qu'il lâche du lest sur les normes, mais aussi par confiance dans le candidat sarthois. « Lui, il connaît le milieu, juge-t-il. Si Fillon avait été élu, et que Xavier Beulin, l'ancien patron de mon syndicat [la FNSEA] avait été encore là, il aurait pu être son ministre de l'agriculture. » Il faut trois quart d'heure pour visiter les corps de ferme, qui représentent seulement une partie d'un vaste domaine. Des champs, prairies, abris pour les 650 vaches à lait et à viande. Une véritable entreprise qui fait vivre 4 ouvriers.

Ils travaillent souvent une dizaine d'heures par jour, sans parfois les voir passer. En revanche, quand ils doivent remplir leur déclaration PAC sur internet, le temps se fait vite très long. « J'ai fait ce métier pour faire naître des veaux et pousser du blé, ça représente aujourd'hui 10 % de mon travail » se lamente Arnaud de Ganay. Les agriculteurs se retrouvent quand ils s'opposent à ce que Frédéric Mares appelle « l'idéologie écologiste », imposée avec zèle par l'administration française, sans parfois tenir compte de l'expertise des agriculteurs eux-mêmes. Les éleveurs s'accordent contre le géant Charal, tandis que les céréaliers s'en prennent aux grandes firmes qui prennent en otage l'activité. Leur discours est volontiers celui d'une critique des grandes structures financières, européennes et administratives. Un discours qui n'est pas sans rappeler celui de Marine le Pen.

Pourtant, l'affiche du second tour les a tous déconcertés. Point de report massif des voix, mais beaucoup de doutes. Ne sont restés en lice que deux candidats qui séduisaient peu les agriculteurs en activité. Alors pour beaucoup d'entre eux, le vote blanc a été une option sérieuse. « De toute façon, ils ne connaissent rien à nos problèmes, l'un comme l'autre » entend-on çà et là. Le vote le Pen, avec son lot d'incertitudes sur l'avenir des relations avec l'Europe, restait dangereux. « Aujourd'hui les primes européennes, c'est 30 % de notre revenu, révèle Arnaud de Ganay, alors si on nous enlève ces aides, on est tous en déficit » •

QUELS SYNDICATS POUR QUELS PAYSANS ?

Les agriculteurs français sont aujourd'hui représentés par trois syndicats majeurs. Avec 54 % des voix aux élections des chambres d'agriculture de 2013, la Fédération Nationale des Syndicats d'Exploitants Agricoles (FNSEA) incarne la ligne majoritaire. En faveur d'une agriculture intensive, la FNSEA promeut l'intégration des productions au marché mondial, par la politique agricole commune (PAC) de l'Union Européenne. En face, la Coordination Rurale, créée en opposition à la PAC, rassemble 20,5 % des agriculteurs syndiqués. Elle cherche une voie médiane entre agriculture intensive « traditionnelle » et agriculture bio sur petite surface qu'elle nomme « agriculture de conservation ». Enfin, la Confédération Paysanne fait elle aussi figure d'opposant farouche, avec 18,5 % des voix. Ce syndicat porte la voix des petits exploitants, souvent biologiques.

Julien Auriach

Révolution mexicaine
du conservatisme au socialisme

Entre 1910 et 1920, les paysans du Morelos mènent une révolution sociale et démocratique afin de préserver leurs terres et défendre leurs modes de vie.

Par Kévin VICTOIRE

Journaliste, co-fondateur du blog *Le Comptoir*. Membre de la rédaction de *Limite*. Auteur de *La guerre des gauches*

De 1910 à 1920, le Mexique connaît une série d'insurrections contre le pouvoir corrompu en place. Multiforme et engageant une large partie de la population – du prolétariat à la bourgeoisie libérale, en passant par la paysannerie et la petite bourgeoisie citadine –, cette révolution connaît en son sein deux mouvements. Il y a d'abord une révolution bourgeoise libérale, qui est à la fois à l'origine et à la conclusion de la révolte et une révolution paysanne et sociale, qui n'aboutira pas, mais qui jettera les bases de futurs mouvements radicaux.

Au début du XXe siècle, le Mexique est dirigé par une petite élite de technocrates corrompus et autoritaires, qui « modernise » à marche forcée le pays. Porfirio Díaz gouverne depuis 1876 quand il est réélu président en 1910, pour la septième fois consécutive. Abusivement accusé de fomenter une insurrection armée, son opposant Franscisco I. Madero, fondateur du Parti national anti-réélectionniste, est emprisonné. Il trouve ensuite refuge aux États-Unis, où il dénonce une élection truquée avant d'appeler le 20 novembre 1910 au soulèvement. La révolution au départ timide connaît une autre dimension quand elle touche le Morelos, petit Etat situé au centre du pays, à 86 km de Mexico. Là-bas, ce n'est pas vraiment la réélection frauduleuse de Porfirio Díaz, qui met le feu aux poudres. L'oligarchie avait entrepris de récupérer les terres des paysans, qui voulaient conserver leurs modes de vie. Comme le résume John Wonack, « *ce qu'ils voulaient, c'était rester dans les villages et les petites villes où ils avaient grandi, où avant eux, depuis des siècles, leurs ancêtres avaient vécu et étaient morts* ».

Petit révolutionnaire, Emiliano Zapata est promu chef du mouvement madériste au Morelos. Pour le leader mexicain, nourri de marxisme, « Il ne faut pas oublier qu'en vertu de la solidarité des prolétaires, l'émancipation de l'ouvrier ne peut s'obtenir si on ne réalise pas en même temps la libération du paysan. » Ouvriers des villes se joignent alors aux campagnards. Il organise une forme de république sociale, « la première des temps modernes », selon l'anarchiste Victor Serge. Les richesses, à commencer par les terres, sont réparties et le pouvoir est exercé localement par les opprimés. Mais cela ne dure cependant pas. L'assassinat de Zapata le 10 avril 1919 désorganise le mouvement, qui est alors pulvérisé. La révolution mexicaine accouche alors d'un régime bourgeois et libéral.

Pourtant, cette révolution inspire toujours. Tandis que Jean-Claude Michéa y voit l'illustration qu'« une certaine sensibilité conservatrice n'est pas incompatible avec l'esprit révolutionnaire », mais même « qu'elle en est généralement la condition », divers mouvements se revendiquent encore du leader mexicain. C'est notamment le cas de l'Armée zapatiste de libération nationale, insurgée dans l'Etat mexicain du Chiapas depuis le 1er janvier 1994. •

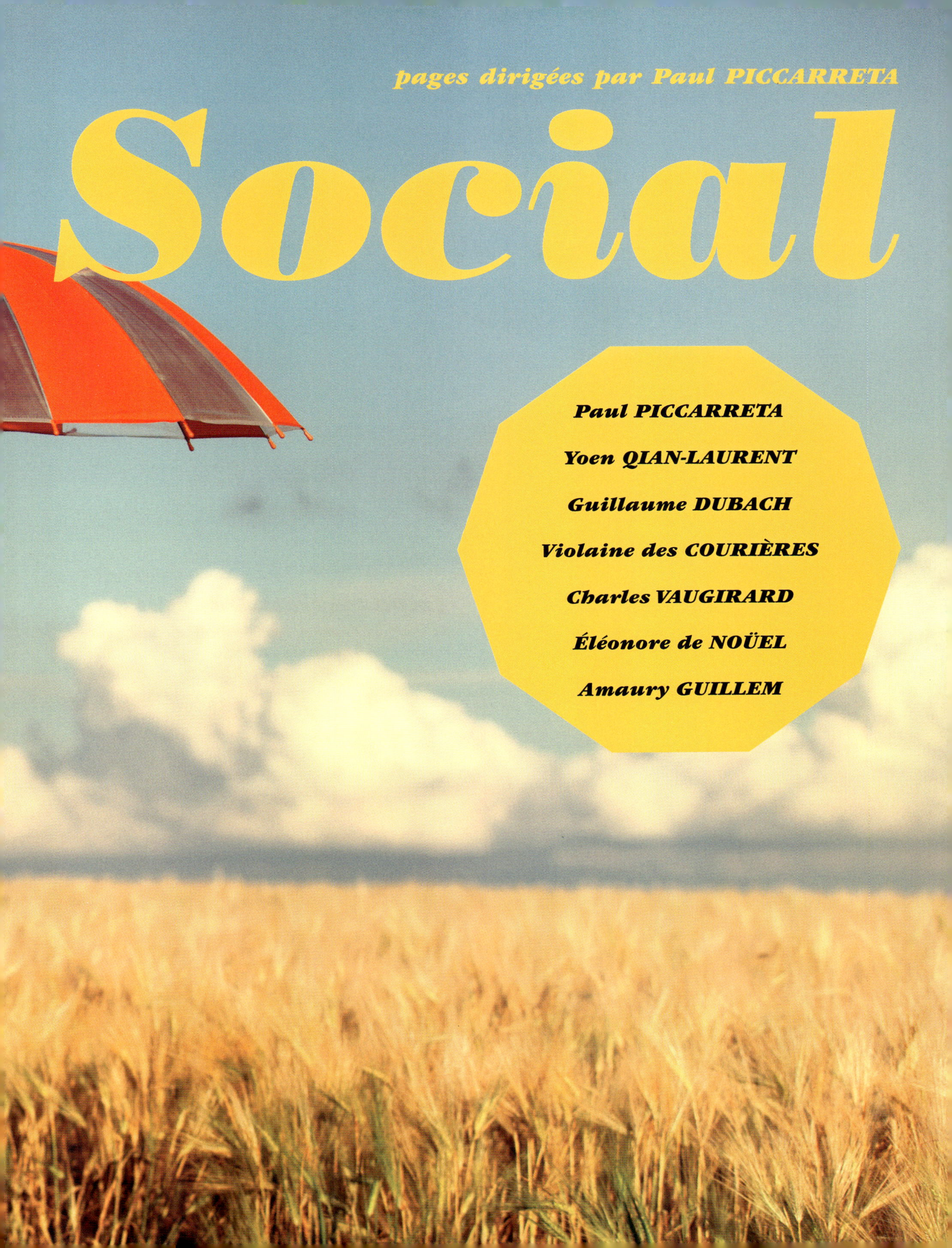

pages dirigées par Paul PICCARRETA

Social

Paul PICCARRETA

Yoen QIAN-LAURENT

Guillaume DUBACH

Violaine des COURIÈRES

Charles VAUGIRARD

Éléonore de NOÜEL

Amaury GUILLEM

Par
Paul PICCARRETA
Journaliste, Directeur de la rédaction de *Limite*

Impasse transhumaniste

Le transhumanisme se compose de plusieurs courants. En France, nous avons cette aubaine d'avoir la fine fleur de la tartufferie : l'Association Française Transhumaniste « Technoprog » se réclame d'un courant technoprogressiste, théorisé par le bioéthicien James Hughes. Sur leur site, il est dit que le transhumanisme technoprogressiste porte une attention particulière à la question sociale. Magnifique : « Comment pouvons-nous utiliser ces technologies pour améliorer la société *dans son ensemble* ? » se demandent les prophètes du gadget. D'après le superbe aphorisme selon lequel « l'être humain peut devenir plus humain grâce à la technologie » ; ils promettent une vie plus longue, davantage d'intelligence et de créativité. Mais leur spécificité tient dans cette approche « égalitaire » des technologies, qu'un militant de *Nuit debout* ne renierait pas : « Nous militons pour que les technologies du transhumanisme soient accessibles au plus grand nombre. Nous considérons par exemple que la lutte contre le vieillissement ne devrait pas être l'apanage de laboratoires privés, mais également un enjeu de recherche et de santé publique. » Et comme le premier militant associatif venu, ils sont aussi touchés par la précarité des travailleurs. À ce titre ils proposent bien évidemment « la mise en place d'un revenu de base inconditionnel. » Enfin, et pour couronner le tout, les transhumanistes français trouveraient problématique que les futurs prothèses ou implants cérébraux dépendent entièrement de sociétés privées. L'État devrait donc se charger d'équiper l'humanité dans un souci d'égalité bienheureuse.

Changer de révolution

Le socialisme technocritique (un début de réponse)

On peut douter très sincèrement de la liberté que nous octroie cette technologie. Car le socialisme des transhumanistes repose moins sur l'édifice d'une communauté d'hommes libres que sur l'ajustement des hommes au système technicien. Pour eux, la vie humaine ne serait qu'une nuit à passer dans une mauvaise auberge. La technologie viendrait non pas satisfaire des besoins légitimes mais combler des inégalités qu'elle aurait elle-même créées.

Dans *Changer de révolution*, le philosophe Jacques Ellul – maître à penser de la revue Limite – tient pourtant la révolution sociale pour nécessaire. Mais quelles sont ses bases ? Si Ellul se définit lui-même comme socialiste malgré l'erreur perverse des révolutions léninienne et maoïste, c'est qu'il tient les déclarations d'intention du socialisme pour bonnes en elles-mêmes : à savoir « *la fin du prolétariat, la fin de l'aliénation, la libération de l'homme* ». Pour l'anarchiste et théologien chrétien, cinq éléments sont nécessaires à la réalisation de ce qu'on pourrait être tenté d'appeler un « socialisme technocritique. » Une philosophie sociale et politique qui est la réfutation la plus exacte du socialisme transhumaniste. Nous pouvons brièvement en présenter quatre – le cinquième concernant la définanciarisation de l'économie (ce sera pour une prochaine fois !).

Le premier point de cette révolution technocritique commande une reconversion totale de « la puissance productrice du monde occidental. » Késaco ? Cela signifie que pour préserver les équilibres environnementaux et sociaux, il faut aider gratuitement les pays du Tiers Monde et leur offrir une aide de subsistance, ayant suffisamment considéré que « l'Occident produit trop et le que le reste du monde est dans le manque. » Comme le pape François l'écrivait plus frontalement dans son encyclique, il faut « une décroissance dans quelques parties du monde. »

Le second point se rattache au choix délibéré de la « non-puissance. » Pour Ellul, la non-puissance s'exprime dans le refus du « contrôle social » permis par le déploiement des technologies et qui, dans notre époque actuelle, s'orchestre progressivement aux moyens des nano-technologies. À l'inverse, nous devons rechercher la création de petites unités de production qui, par leur structure même, échappent au contrôle technologique.

Troisièmement, le socialisme technocritique cherche l'autogestion et l'éclatement des ensembles industriels, commerciaux et administratifs. Encore une fois, l'autogestion n'est possible qu'à condition de décroître. « *C'est une blague,* s'emporte Ellul, *de parler d'autogestion pour des entreprises de milliers d'ouvriers. Il n'y a d'autogestion que pour des unités réduites. Au-delà de cent personnes, cela ne veut plus rien dire.* » Cela implique que tout ce que l'individu peut faire seul, la communauté n'a pas à s'en charger.

Le quatrième point est fondamentalement dépendant des trois précédents. Il s'agit de la réduction drastique du temps de travail concernant le salariat. Si les fruits de la production sont intelligemment répartis, il est inutile de mettre en place un salaire universel. Cela suppose, en revanche, que ce qui est produit soit strictement nécessaire. Des « *biens de base, élémentaires, utilitaires et répondant à des prix modiques aux besoins courants, sans rechercher la performance, le gadget, ni la fabrication artificielle de besoins nouveaux par la publicité.* »

Le projet social que proposent les intellectuels que nous présentons au sein de la revue Limite n'a rien d'une utopie doucereuse ou d'un quelconque réformisme à la papa. Avec Jacques Ellul, l'ambition est claire : la justice sociale ne pourra advenir qu'au prix d'une décroissance matérielle et d'une croissance spirituelle. Le socialisme d'Ellul – mais nous pourrions en citer tant d'autres – commence toutes les fois où, alors que la solitude nous ronge en même temps qu'elle nous flatte, nous décidons de nous réunir autour des choses les plus simples et les plus élémentaires de la vie. Échanger sur un livre, boire un verre de cognac, peler des patates ensemble : les bases de la reconstruction sociale sont à portée de main. À ce titre, les membres de la revue vous proposent chaque quinzaine une soirée conviviale où, en nous rencontrant, nous pouvons enfin passer des mots à l'action. Et ce n'est que le début d'une longue histoire…

Au 28 Attorney street

New-York devient humaine

Par Yoen QIAN-LAURENT
et Guillaume DUBACH

Dans la paroisse catholique de Saint Mary Grand, dans le quartier de Lower East Side à New-York, le père Andrew O'Connor fait dans la contre-culture. Peintre, sculpteur et styliste – il a notamment habillé l'actrice Cameron Diaz –, c'est aussi un partisan très actif des circuits courts, du homemade et du fair trade. Les associations qu'il a fondées « Sacred Art Heals » et « Goods of Conscience » œuvrent dans ce sens. La presse locale l'a affectueusement surnommé « the New York DIY priest » ce qu'un journal français traduirait sans doute par « l'apôtre du système D... » Rencontre et portrait d'un prêtre ouvrier dernière génération.

Du New-York de Paul Morand, il ne reste presque rien : disparus, Ellis Island, les mafias de Chinatown, les petites frappes de Bowery. Presque disparus aussi les opiomanes, qui annonçaient les crack-houses de East Village, ces maisons à crack si nombreuses jusqu'à la fin des années 90. Et les speakeasies, ces bars clandestins. Et Hemingway. Et Dos Passos, tout a disparu. Ou presque. Au milieu de ces disparitions successives, un clocher se tient bien droit. Celui du 28 Attorney Street.

10002 : le zip code (code postal, aux États-Unis) de la paroisse Saint Mary dans le Lower East Side évoque d'ordinaire la Fashion Week plutôt que le chant grégorien. On songe aux galeries branchées plutôt qu'au vitrail baroque ; aux sweatshirts à 500 dollars plutôt qu'à la couture artisanale. Jusqu'au jour où l'on franchit le seuil de ce presbytère…

C'est une élégante maison de briques rouges, posée au milieu de tours qui abritent les derniers logements sociaux de Manhattan. Le père Andrew O'Connor nous reçoit dans sa paroisse, devant la cheminée d'une vaste bibliothèque. Sur les étagères, on trouve de la littérature américaine, française, et même néerlandaise – une variété qui éclaire la personnalité unique du curé de Saint Mary's. La lumière, discrète et chaude, donne au lieu une allure d'intérieur flamand. Le père Andrew aime narrer à ses invités l'histoire de son église. « La première paroisse Irlandaise, fondée en 1826 non loin d'ici, a été rapidement brûlée par les militants nativistes du Know Nothing Party. Les activistes WASP craignaient que le catholicisme ne transforme la culture américaine et n'hésitaient pas à prendre les devants, explique-t-il. De cette époque date la muraille sinueuse qui entoure l'ancienne cathédrale Old St Patrick, à quelques blocs d'ici, dans SoHo : il

s'agissait d'un mur de défense… Un nouveau bâtiment fut construit sur Grand Street, auquel a été adjoint dans les années 1870 le presbytère où nous nous trouvons. Les prêtres, poursuit le curé, étaient décrits par la propagande raciste de l'époque comme des paysans sous-éduqués et alcooliques. Ils ont dû être d'autant plus fiers de cette somptueuse bibliothèque, que nous avons entièrement rénovée il y a deux ans. »

On avance vers le fond de la pièce, attirés par deux grands cintres sur lesquels sont suspendus des vêtements colorés. Une chemise blanche, en coton brut, fait irrésistiblement penser à Fitzcarraldo ; un pantalon moutarde, à la coupe haute, qu'on imagine sans peine sur Jane Birkin, et tout droit sorti des années 70. Ce sont les créations de Goods of Conscience, la marque de vêtements fondée par le père Andrew après une retraite au Guatemala en 2004. « Auprès des habitants de la région de Santiago Atitlán, j'ai découvert le travail du père Stan, un missionnaire assassiné en 1981 par la junte. Beaucoup sont d'origine maya. Ils ont conservé l'héritage textile de cette civilisation, mais les paysans et les couturières vivent dans une grande pauvreté. Goods of Conscience est d'abord né du désir de préserver cet héritage et d'accompagner les petits producteurs de coton, avec l'espoir d'équilibrer la mondialisation par des partenariats à taille humaine. »

L'idée de réciprocité est au cœur du projet. Depuis plusieurs années, les revenus de Goods of Conscience permettent de financer la scolarité de nombreux enfants. Leurs uniformes sont dessinés et offerts par l'association. À l'heure où tant d'habitants d'Amérique centrale émigrent vers les États-Unis, l'objectif du père Andrew est d'aménager des conditions de développement durable pour ces populations. « Il n'y a pas d'usine, pas même d'atelier ; le rythme de la vie reste le même : les femmes travaillent chez elles, en cuisinant, les enfants jouent à côté. »

L'atelier ne se trouve pas au Guatemala, mais à New-York, au sous-sol du presbytère. Trois personnes y transforment quotidiennement les étoffes guatémaltèques en vêtements de caractère. La vision qui anime le projet est bien plus radicale et ambitieuse que ce que pourraient suggérer certains clichés - le curé branché qui vend des chemises en coton fairtrade à une clientèle aisée… Le père Andrew, qu'un journal de quartier a surnommé the DIY priest (le prêtre du Do it yourself), s'est attaché à mettre en place des circuits courts de production et de distribution. Cinq ruches installées sur le toit donnent deux fois l'an une belle production de miel local. Une véritable basse-cour est installée dans le patio. Un partenariat récent avec un CSA du quartier (Community-Supported Agriculture, équivalent de l'AMAP en France, NDLR) permet de redistribuer le surplus de légumes aux pauvres. Fin août, on récolte le houblon planté il y a quelques années dans un champ du Bronx. Une vingtaine de personnes s'y donnent rendez-vous pour détacher de leurs filins des milliers de petites clochettes poudrées et odorantes, dont on apporte des sacs débordants

L'art et la beauté sont omniprésents dans la pensée sociale du père Andrew, également fondateur d'une association d'Art religieux contemporain, Sacred Art Heals. À Saint Mary's, beauté et charité se rencontrent. Avec les moyens du bord, ce curé atypique a bricolé une merveille.

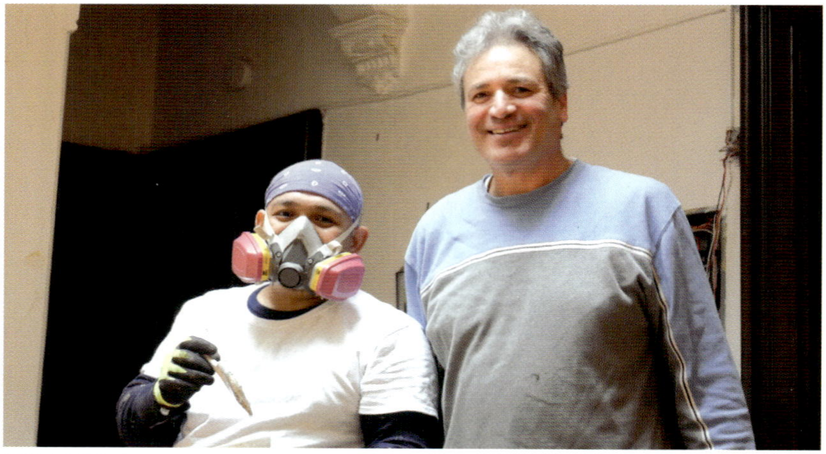

à une brasserie locale. Impossible après cela de humer l'odeur de la bière fraîche sans y reconnaître son origine végétale, et songer aussitôt à la joie et aux fatigues de la récolte.

Ouvriers de la première heure

Les cours de catéchisme, les pièces de théâtre et les concerts du Grand Hall sous l'église donnent à la vie communautaire une rare amplitude. Le père Andrew affectionne le terme grec de paraoikos : « Ce mot traduit bien l'ouverture de la paroisse. C'est un lieu de passage, où les étrangers sont accueillis. Chacun y apporte son histoire et ses talents ; certains cousent ou bricolent, d'autres visitent les malades. Nous sommes au service de New-York et de notre quartier. » On pense à la Basiliade de saint Basile, cette « cité des pauvres » construite par l'évêque de Césarée pour accueillir les miséreux et les travailleurs indigents, dont le succès fut si important qu'elle finit par absorber la Césarée originelle.

L'art et la beauté sont omniprésents dans la pensée sociale du père Andrew, également fondateur d'une association d'Art religieux contemporain, Sacred Art Heals. À Saint Mary's, beauté et charité se rencontrent. Avec les moyens du bord, ce curé atypique a bricolé une merveille.

Dans le petit salon de la bishop suite, rénové dès l'arrivée du père par Peter et Michael - les ouvriers de la première heure - se trouve une reproduction du Triptyque de Mérode. Un étrange tableau de circonstance ; on y voit Joseph, besogneux, qui fabrique des souricières, dans un atelier dont les fenêtres donnent sur la rue et le peuple ; sur le panneau d'à côté, la Vierge, occupée à lire son bréviaire dans un confortable intérieur flamand aux détails très réalistes, ne semble pas encore avoir remarqué l'ange qui lui annonce son imminente maternité. En cet endroit précis, le tableau devient miroir : prière, travail manuel, humble présence au sein de la grande ville, tout St Mary's s'y reflète. Sans oublier les souricières, élément clef de

l'analyse théologique du tableau[1], qui fait ici plus prosaïquement écho aux divers rongeurs qui pullulent à l'est de Manhattan.

La beauté toute simple de ce lieu, au cœur d'un quartier pauvre, stupéfie. Une anecdote : le mois dernier, les ouvriers qui travaillent au presbytère ont découvert, en grattant la peinture écaillée des portes de la cuisine, des poignées en marbre et du bois d'acajou… Avant sa rénovation, la grande bibliothèque abritait trois petites salles de classe en préfabriqués. Les ouvriers rendent la demeure du XIXe à sa première beauté, par-delà les ravages esthétiques du « tout fonctionnel » des années 60 et 70, décennies du lino triomphant et du papier peint totalitaire. Au milieu d'une ville affamée de grosses voitures et de panneaux publicitaires, on peut se demander ce que Baudrillard aurait pensé de St Mary's, lui qui écrivait avec cynisme : « À défaut d'identité, les Américains ont une dentition merveilleuse[2]… »

Au pays du confort et de la consommation, dont la vanité ostentatoire s'étale sur tous les écrans de Times Square, cette modeste paroisse fait toutes choses nouvelles. À la vacuité du spectacle répond la logique de la célébration, ce sens profond de la fête authentique qu'Irlandais et Latinos n'ont pas abandonné en venant ici. La subversion est là : loin du déballage somptuaire et creux de la Macy's parade, loin du vice ordinaire et lassant de ces Gentlemen's clubs où les femmes deviennent les instruments interchangeables d'un plaisir toujours identique, le temps d'ici est rythmé par la liturgie et ses fêtes. Des cornemuses accompagnent la messe gaélique annuelle ; les mariachis sont présents pour la fête de Notre-Dame de Guadalupe, ainsi que pour la Posada, grande procession menée par Marie et Joseph à dos d'âne.

De Babel à la Pentecôte

Dans son récent ouvrage *The Benedict Option*, Rod Dreher, figure importante de la communauté intellectuelle catholique américaine, défend la thèse suivante : le seul mode de survie possible pour le catholicisme au XXIe siècle serait sa constitution en contre-culture hermétique au mainstream. Saint Mary's donne à cette thèse une inflexion réjouissante. Au reproche fait à Rod Dreher de n'envisager que le repli sur soi, de ne donner aucune piste aux chrétiens pour continuer d'aller vers le monde, on tient là un prototype de réponse. Car c'est bien une enclave que cette paroisse, et pourtant les portes n'en sont pas fermées. On y voit défiler des invités de tous les horizons, catholiques ou non. Pendant le carême, une soupe conviviale rassemble chaque dimanche soir une assemblée éclectique. Les étudiants de New-York University froncent parfois les sourcils à l'idée de dîner « dans une église ». Mais ici, il n'est nul besoin de causer théologie : le lieu parle de lui-même. La tour de Babel n'est pas une tour d'ivoire !

Toutes les messes sont au moins bilingues, et il n'est pas rare qu'une même homélie passe d'un idiome à l'autre. Américains, Latinos, Irlandais, Français, Chinois… Cette étourdissante multiplicité des langues en appelle une autre, ancienne et nouvelle : le latin. Le père Andrew l'a progressivement réintroduit, à petites doses, avec des résultats salutaires. « Le Pater Noster des messes du dimanche est le seul moment où tout le monde chante, sans exception. »

LE NEW-YORK DE PAUL MORAND

« Silence. Les dernières vagues atlantiques se jettent sur une pointe de rochers brun pourpre et s'y déchirent. Un cri de mouette. De chaque coté du promontoire, la marée gonfle et remonte les estuaires. À droite, la nuit commence à cacher les collines. À gauche, descend un soleil jaune soufre. L'Amérique est grande, déjà. D'une grandeur anonyme ; d'une immensité sidérale. »

Paul Morand, *New-York* (1930)

Le latin, que nul ici ne parle couramment, est un héritage commun, un gage d'unité, un signe efficace de l'universalité de l'Église. De ce qui aurait pu n'être que Babel, il fait surgir une Pentecôte.

C'est l'été. Une chaleur monocorde tombe sur New-York. À l'Est, les vagues atlantiques s'écrasent, brûlantes comme l'acier sous le soleil. On sirote des Margaritas aux terrasses. Le presbytère rétrécit peu à peu à l'ombre des nouveaux immeubles, ceux de l'Essex Crossing flambant neuf. Bientôt, le Lower East Side sera un quartier de luxe… Morand disait : « *Je ne suis pas toujours sûr de ce merveilleux cadeau qu'est New-York. Si ce n'était qu'un rêve, qu'un essai prodigieux, qu'un avatar, qu'une renaissance éphémère, qu'un purgatoire magnifique ?* » Si New-York est un vol plané, on touche terre à Saint Mary's. Les hommes n'y sont pas meilleurs qu'ailleurs ; mais un souffle unique les porte au-delà des buildings, des rues orthogonales, et de l'impression de simulacre total qui s'en dégage.

Au centre du monde, l'espérance a une adresse : 28 Attorney Street. ●

1. Pour saint Augustin, le mystère de l'Incarnation est en effet un piège à rat aux dimensions du diable.

2. Jean Baudrillard, *Amérique* (1986).

Enquête

Pôle emploi : l'usine à gaz prête à sauter

Par Violaine des COURIÈRES

Illustrations de Marie-Anne BEZON

Règles d'indemnisation complexes, bugs administratifs, informations contradictoires, les dérives bureaucratiques de *Pôle Emploi* accentuent le stress et le sentiment d'insécurité des personnes en recherche d'emploi. Pour *Limite*, Violaine des Courières est descendue dans la salle des machines de *Pôle Emploi*. Enquête sur une bombe à retardement.

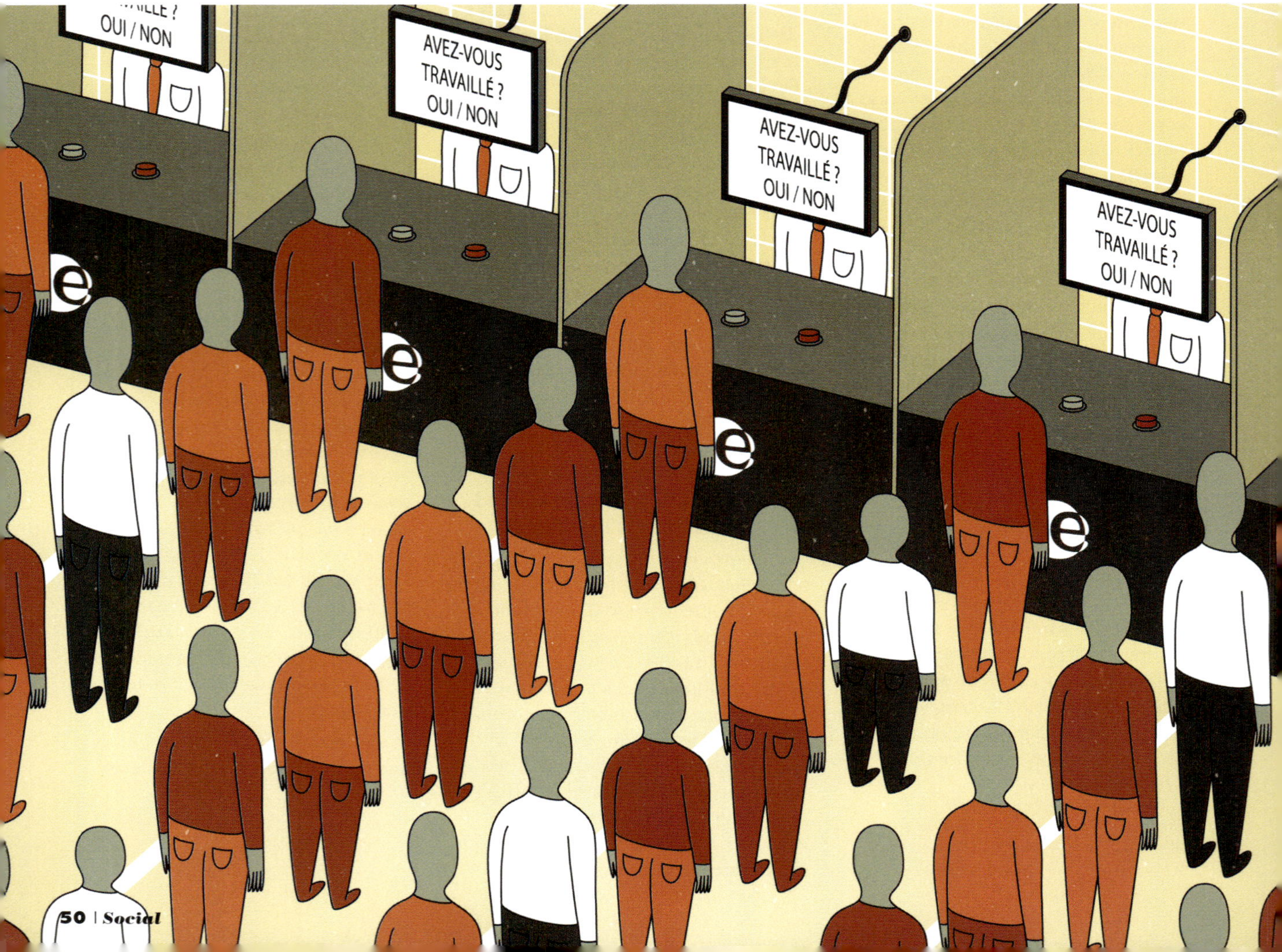

Allumez le feu

Elle est longue la file d'attente qui s'étire devant les guichets d'une agence Pôle Emploi des Hauts-de-Seine en cette matinée d'hiver. Il est 11 heures. Un employé a appelé toutes les personnes qui ont un rendez-vous avec un conseiller. Pour les questions administratives, il faut faire la queue. En attendant leur tour, plusieurs personnes discutent entre elles. Sélim, la cinquantaine, engage la discussion : « Je ne comprends pas. J'ai été désinscrit par Pôle Emploi alors que je commençais tout juste une formation ». Lui succédant dans la file, Frida renchérit : « C'est la seconde fois que je me déplace pour un trop-perçu sur mes indemnités », et de s'inquiéter « comment vais-je pouvoir rembourser alors que financièrement, je n'y arrive plus ? » Dans l'agence Pôle Emploi Cadres du même département, c'est le même son de cloche. Face à la photocopieuse, Laure engage la discussion : « Pour un jour d'arrêt maladie, j'ai été désinscrite aussitôt par Pôle Emploi. Il a fallu que je me réinscrive ». Pendant qu'elle nous parle, l'interphone de l'agence ne cesse de sonner : « l'après-midi, on est fermé Monsieur, sauf si vous avez rendez-vous », répète patiemment le conseiller de l'accueil face au visiophone. Ça suscite des énervements derrière la porte : « Mais Monsieur, j'ai juste une question à poser. Je suis venue exprès pour cela… ». Une situation absurde, illustration des dérives bureaucratiques d'un service public piloté par le gouvernement, l'Unédic et les partenaires sociaux.

Résister ou s'ubériser ?

Pôle Emploi est un service qui gère aujourd'hui 11 millions de dossiers. Un chiffre qui augmente depuis l'émergence du travail à temps partiel (demandeurs d'emploi en activité réduite de la catégorie C). Alors que ces derniers étaient 200 000 en 1980, ils sont actuellement dénombrés à 1,5 million. Un chiffre qui en dit long sur l'évolution du marché du travail. Alors que les CDI disparaissent progressivement, le statut d'auto-entrepreneur émerge. Le travail à temps partiel et les contrats courts deviennent monnaie courante. Une évolution qu'analyse Jean-Louis Walter, médiateur national à Pôle Emploi : « Le marché de l'emploi demande au salarié

> **Le marché de l'emploi demande au salarié de plus en plus de flexibilité tandis que la structure de Pôle Emploi reste inflexible**

de plus en plus de flexibilité tandis que la structure de Pôle Emploi reste inflexible avec une convention légale qui, même si elle a subi des modifications, date de 1958. Cela génère des incompréhensions ». Ajoutons à cela le raccourcissement du cycle de vie de certains métiers : « Il y a des professions qui disparaissent en trois ans. C'est le cas notamment du secteur de la téléphonie mobile [avec l'arrivée de nouveaux opérateurs, ndlr], d'autres émergent », explique un conseiller, « en conséquence, les plans de formation initiés par le gouvernement changent tout le temps. L'enjeu est important car la prise du pouls de l'emploi est sensible pour les politiques. Nous, on se tire les cheveux devant toutes ces directives contradictoires ».

Confrontés à l'ubérisation de l'économie, les conseillers de Pôle Emploi se retrouvent face à un dilemme : s'adapter ou résister ? « Mettre tout le monde en free-lance, ce n'est pas assurer le bien commun », explique l'un d'entre eux, « l'auto entreprenariat est une solution pour mettre le pied à l'étrier des chômeurs, le temps de trouver un emploi. Elle doit rester temporaire sous peine de précariser la personne ». Bernard Aznar, délégué fédéral du Mouvement National des Chômeurs et Précaires va plus loin : « La valorisation de l'auto entreprenariat est une solution mécanique et artificielle qui n'aurait pour conséquence que de baisser les chiffres du chômage. Un auto entrepreneur n'a plus de droits et de protections sociales [il ne cotise plus au chômage et ne bénéficie plus du régime général d'assurance maladie, ndlr] ».

MACRON ET LE CHOMÂGE : EN MARCHE OU CRÈVE ?

L'universalité de l'assurance chômage est une promesse phare d'Emmanuel Macron. Pourront en bénéficier les salariés démissionnaires, dans la limite de cinq ans, mais également les indépendants, artisans, professions libérales et agriculteurs. Pour ces derniers, les conditions de cette ouverture de droits restent encore floues.

D'un autre côté, Emmanuel Macron cherche à contrôler la recherche d'emploi. 15 jours après son inscription, tout chômeur réalisera un bilan de compétence. Il lui sera ensuite proposé deux offres d'emploi décentes et demandé de justifier de l'intensité de sa recherche d'emploi. Son refus entraînera une radiation.

VdC.

Vers la privatisation d'un service public

Aux contraintes liées à la mutation du marché du travail, il faut ajouter l'avancée sous-marine du privé dans l'organisation de Pôle Emploi : « Notre système est en train d'être externalisé, ce qui désorganise tout notre travail », nous confie un conseiller. Et selon nos sources, la privatisation de nombreux secteurs est en cours : on y compte la gestion des attestations employeurs, une partie de l'indemnisation, la gestion administrative des dossiers ainsi que l'accompagnement de personnes autonomes dans leur recherche. Et l'on comprend mieux la raison de loupés administratifs : « Les conseillers doivent toujours passer derrière le travail administratif de ces sociétés et gérer leurs éventuelles erreurs. Elles leurs sont imputées alors qu'ils n'en sont pas responsables », relève une personne qui travaille à Pôle Emploi. Débutée dès la fusion entre les Assedic et l'ANPE en janvier 2009, cette privatisation progressive du service public reste une question sensible en interne : « Certaines entreprises privées se gavent sur le dos de la bête », regrette un conseiller, « quant aux cabinets qui accompagnent les chômeurs, ils risquent de ne s'intéresser qu'aux profils jugés à potentiel. Les chômeurs de longue durée pourraient rester, eux, cantonnés aux services de Pôle Emploi », ajoute-t-il, percevant ainsi le risque d'un Pôle Emploi à deux vitesses.

Et maintenant, comment on fait ? (pour des agences de proximité !)

« Il y a tout de même un effort pour moderniser le service public. Pôle Emploi essaie de faire de l'individualisation », souligne Bernard Aznar. Un recentrage sur l'accompagnement des personnes qui doit s'orienter sur du cas par cas: « Quand une personne pleure dans mon bureau ou me raconte ses malheurs une heure au téléphone, je ne remplis pas mes objectifs chiffrés. Pourtant, le soutien psychologique est le cœur véritable de mon métier », confie un conseiller qui voit dans Pôle Emploi plus « un service social qu'un service public ». Si développer l'empathie du conseiller pour le demandeur d'emploi devient urgent, il s'accompagne d'une organisation de proximité avec une décentralisation du service public au profit d'un fonctionnement par région et d'une meilleure prise en compte du maillage des entreprises locales. •

FEIGNASSES, LES CHÔMEURS ?

En 1928, à l'âge de 25 ans, George Orwell publia dans la revue française *Le Progrès Civique* une série d'articles sur « La grande misère de l'ouvrier britannique ». Un siècle plus tard, si le décor a changé, les mécanismes psychologiques et les pentes fatales sont les mêmes : pour payer son lit et son plat de pâtes, le demandeur de job prend aléatoirement les tâches qui lui tombent sous la main.

« Une légende absurde circule dans la presse conservatrice d'après laquelle le chômage est uniquement dû à la paresse et à la rapacité des travailleurs. Cette légende veut que l'ouvrier anglais n'ait d'autre but dans la vie que d'éviter tout labeur fatigant pour vivre. Et ce sont les inventeurs de cette légende qui ont inventé le terme « aumône » pour désigner les indemnités de chômage.[… Il se peut que le chômeur soit célibataire. Dans ce cas il élira domicile dans une de ces vastes casernes (lodging houses) à l'usage des gens très pauvres. Il pourra, de cette façon, arriver à économiser un shilling ou deux sur son loyer hebdomadaire.Ces logis sont exploités par d'importantes sociétés qui en retirent d'appréciables bénéfices.
Les locataires couchent dans d'immenses dortoirs où sont alignés 30 à 40 lits de sangle, comme ceux des soldats, séparés par un intervalle de trois pieds. Ils passent leurs journées dans des cuisines souterraines, creusées sous la rue, où ils peuvent préparer leurs aliments, quand ils en ont, dans des poêles à frire sur un feu de déchets de charbon. C'est là que le chômeur prend ses repas, consistant en pain et en thé. Il passe, hébété, le cerveau vide, devant le feu, les longues heures qu'il ne consacrera pas à la recherche d'un travail. […] On comprend que, dans ces conditions, il aspire à travailler, à accomplir n'importe quelle besogne, même la plus répugnante et la moins rémunérée, car cette existence absolument vide, sans amusements ni distractions d'aucune sorte – et d'où la faim n'est jamais entièrement exclue – est d'une monotonie et d'une tristesse insupportable. »

Giorgio LA PIRA

AU NOM DU MAIRE

Marre de la démocratie libérale et de ses hérauts ? Pas de problèmes ! *Limite* a trouvé ce qu'il vous faut. Lui, c'est Giorgio La Pira, connu pour avoir réquisitionné des villas non-occupées pour les donner aux pauvres. Et l'Église catholique a ouvert son procès en béatification, lui que les fidèles appelaient déjà de son vivant « le saint maire ».

Par Charles VAUGIRARD

Co-fondateur des *Cahiers Libres*. Membre de la rédaction de *Limite*.

Illustration de Nicolas PINET

L'Histoire nous donne parfois des exemples d'hommes politiques hors du commun. Giorgio La Pira est un de ces illustres personnages. Cette figure de la vie politique italienne d'après-guerre est une personnalité à la fois atypique, géniale, et sainte. Ce professeur de Droit à l'Université de Florence a été député à l'Assemblée constituante de 1946, ce qui en fait un des rédacteurs de la constitution Italienne. Maire de Florence de 1950 à 1957 et de 1961 à 1965, il est de ceux qui ont reconstruit cette cité après la guerre. Atypique, il l'était : La Pira était tertiaire dominicain, il avait fait vœu de célibat tout en restant laïc. Ainsi, il vécut comme un moine, sans rien posséder ! Toute sa vie, il n'a pas eu de maison et il habitait dans des couvents. Ses indemnités de député puis de maire étaient versées intégralement aux pauvres.

Au sein du parti de la Démocratie Chrétienne, il appartenait à l'aile gauche très critique envers le libéralisme et favorable à l'intervention de l'Etat dans l'économie. Selon lui il fallait intervenir pour la justice sociale : « Intervention étatique ? On l'appelle comme on veut : les étiquettes importent peu; il faut intervenir. Intervenir est l'unique norme de toute la morale chrétienne et humaine » disait-il. Cette position forte le poussa à prendre des décisions politiques courageuses comme la réquisition de villas inoccupées pour reloger des familles expulsées, ou encore d'intervenir pour trouver un repreneur à une usine qui allait fermer. Cette attitude trancha avec la politique libérale de la Démocratie Chrétienne. La Pira n'aimait pas le libéralisme. Il disait de cette idéologie : « Le marché libre n'existe pas. Ce qui existe dans la pratique, c'est le triste phénomène du chômage et de l'incertitude de l'emploi : deux faits essentiellement dus à la structuration libérale de l'économie et de la finance. Que faut-il faire ? Il faut se décider à changer le visage libéral de notre économie. Ce n'est pas un visage personnaliste, non, c'est un visage individualiste. Il va contre le bien commun qui est la norme directrice de l'éthique sociale chrétienne. » Personnaliste, il était un disciple d'Emmanuel Mounier. Thomiste, il était un fervent lecteur de Jacques Maritain et l'*Humanisme intégral* était son livre de chevet. Vincentien, il était un très grand admirateur de Frédéric Ozanam, le fondateur de la Société de Saint Vincent de Paul et de la démocratie-chrétienne. La Pira était un mystique, nourri de la Bible. Quitte à avancer à contre-courant, il a pris tous les appels du Christ au sérieux et il a choisi de les appliquer. Pour avoir vécu pleinement et radicalement sa foi, Giorgio La Pira est actuellement considéré par les Italiens comme un saint et son procès en béatification est en cours. Ce qui nous démontre que la politique peut aussi être un chemin de sainteté.

À lire

Giorgio La Pira, un mystique en politique, *Agnès Brot*, Desclée de Brouwer

Solidarités

À Noirmoutier, l'économie solidaire conteste les « bullshit jobs »

En Vendée, une association d'économie solidaire baptisée ESNOV (pour Economie Solidaire dans le Nord Ouest Vendéen) accompagne des chercheurs d'emploi de longue durée. Entre potager médiéval inspiré d'Hildegarde et entretien des marais salants, cette entreprise solidaire lutte contre la tertiairisation de l'économie et la fabrication de « *bullshit jobs* ».

Par
Éléonore de NOÜEL
Étudiante à l'Université Paris-Dauphine. Membre de la rédaction de *Limite*

Noirmoutier, loin des souvenirs d'enfance

« La philosophie de notre action, c'est bien de dire qu'avant tout, le travail requiert une prise en compte de la dignité de la personne. Alors après, on peut le prendre dans un sens chrétien ou non, mais voilà, ce sera toujours le but. » lance Paul de Rugy, vice-président de l'association Economie Solidaire dans le Nord Ouest Vendéen, ESNOV.

ESNOV a été lancée il y a une vingtaine d'années à l'initiative d'un groupe de chômeurs souhaitant unir leurs efforts pour rompre avec leur situation de précarité. Rapidement se crée une association intermédiaire permettant aux personnes au chômage d'exercer des missions ou des travaux temporaires. Avec le temps, l'association a élargi son activité, et surtout, le champ des personnes qu'elle souhaite aider à se réinsérer. Aujourd'hui, ESNOV, à travers ses différents pôles, accueille aussi bien des chômeurs de longue durée, que des « cabossés de la vie », hommes ou femmes de la rue, anciens drogués, marginaux, ou tout simplement des personnes souhaitant quitter la précarité en se formant à de nouveaux métiers.

Dans le cadre d'un Programme d'Ambition Collective des Territoires (PACT) visant à renforcer la collaboration entre les entreprises, les associations et les communes, ESNOV a récemment mis en place un premier chantier d'insertion sur l'Ile de Noirmoutier. Pourquoi une île ? Du fait de l'espace restreint et limité, « La conscience de soi y est plus forte. Le lien social aussi », explique Paul de Rugy, ce qui encourage la cohésion des chercheurs d'emploi. Ah oui, parce que chez ESNOV, on ne parle pas de demandeurs mais bien de chercheurs d'emploi. « C'est un choix sémantique », mais non moins symbolique. « L'idée c'est de les impliquer, de les valoriser », et dans l'association cela passe non seulement par le regard, mais également par les mots que l'on choisit de poser sur le vécu des personnes accueillies. Refuser le terme de demandeurs d'emploi, c'est enfin, d'une certaine manière, contester la logique marchande selon laquelle la définition du travail se réduirait à la simple rencontre mécanique d'une offre et d'une demande.

À Noirmoutier, les activités de réinsertion proposées sont aussi variées qu'écologiques : entretien des digues et des marais salants - encore largement sous-exploités sur l'ensemble de l'île - recyclage et confection de meubles à partir de palettes de bois, aide à la personne… Inédit et surprenant, les membres de l'association sont également amenés à cultiver et prendre soin d'un potager médiéval, reconstitué à partir de la lecture de vieux grimoires et d'écrits d'Hildegarde de Bingen. Les équipes de travail sont savamment pensées, mélangeant personnes en grande fragilité et chercheurs d'emploi plus autonomes ; il s'agit de favoriser l'entraide et la responsabilisation, « un peu comme dans un groupe scout ».

Ces activités rencontrent un réel succès, si bien que Paul de Rugy s'inquiète en souriant, « ça leur plaît tellement, ils risquent de n'avoir plus envie de partir ! Tant mieux, mais nous ne sommes qu'un chantier de réinsertion… »

Pas de « Brown-out » à Noirmout'

Nicolas Hamm, président de l'association, confie pourtant : « en arrivant dans l'association j'ai fait l'expérience d'un taux d'absentéisme très important de la part des chercheurs d'emploi. Or, le taux d'absentéisme, qu'est-ce-que c'est ? C'est le résultat d'un manque de sens ressenti par chacun dans la projection qu'il se fait de la notion de travail. À partir du moment où l'on constate un taux d'absentéisme nul, c'est qu'on a réussi à donner du sens au travail proposé à nos membres. » Ce constat sonne juste à l'heure où l'on commence à parler du « brown-out ». Nouvelle pathologie liée au travail dans notre société moderne, le « brown-out » qualifie ce sentiment d'inutilité et de vacuité qui frappe les salariés quand il s'agit de s'interroger sur le sens du travail qu'ils fournissent. Selon l'anthropologue américain David Graeber, ce phénomène est directement lié au progrès technologique, qui tertiarise de plus en plus nos économies et encourage la création de « bullshit jobs » (« jobs à la con »). Ce nouveau type de mal-être au travail vient s'additionner aux critiques émises dès les années 60 par des sociologues comme Robert Linhart envers le travail à la chaîne : conclusion, tertiaire ou secondaire, le travail qui se passe de sens, c'est l'enfer.

Treycie, passée par ESNOV ces derniers mois, l'exprime ainsi « avant, quand je travaillais dans la restauration, j'étais plus comme une machine qui servait les gens, et qui recevait un salaire à la fin du mois. Et c'est tout. C'est en arrivant chez ESNOV que j'ai vraiment été écoutée. ».

Aujourd'hui, Treycie travaille comme encadrante d'une équipe d'entretien composée de personnes handicapées, et aime ce qu'elle fait. À la question, « Vous plaisez-vous là où vous êtes actuellement ? », la jeune femme répond spontanément, « Oui, beaucoup. Et puis travailler avec des personnes handicapées, c'est tout autre chose. Il n'y a pas de fard, ils disent tout, tout de suite.»

La bienveillance, c'est de ne pas imposer au demandeur d'emploi une trajectoire, mais lui donner envie de se projeter. L'élément fondamental, c'est l'envie

Nicolas Hamm insiste aussi sur l'attitude à adopter envers le demandeur d'emploi, attitude qui selon lui doit s'articuler autour de deux piliers : la bienveillance et l'humilité. « La bienveillance, c'est de ne pas lui imposer une trajectoire, mais lui donner envie de se projeter. L'élément fondamental, c'est l'envie. » Il faut donc la susciter, et ce par l'écoute. L'écoute est au cœur de l'association ESNOV, « elle y est même très développée ». Chaque chercheur d'emploi est ainsi accompagné à la fois par un tuteur technique, lors de ses stages en entreprise, et également par un tuteur qui s'apparente davantage à un parrain, apportant un soutien moral souvent nécessaire. Pour Treycie, sa tutrice est même devenue une amie, sur qui elle estime pouvoir compter en cas de difficulté personnelle, « quand mon petit était malade, elle était là pour m'aider par exemple ». Quant à l'humilité, il s'agit pour le président de l'association de « prendre l'autre tel qu'il est et non tel qu'on voudrait qu'il soit. On doit admettre qu'on est face à des pensées complexes », et à des vécus qui ne le sont pas moins.

« On a des chefs d'entreprises qui sont très bienveillants » ajoute Nicolas Hamm.

Affirmation partagée par Paul de Rugy, pour qui cette bienveillance des chefs d'entreprise provient de leur proximité avec le terrain. « Les chefs d'entreprise ici sont des gens qui sont près des réalités ». Solidaires, parfois anciennement ouvriers, ils acceptent de donner leur chance à des chercheurs d'emploi en difficulté, ayant souvent été « abîmés » par la vie. La Vendée est en effet l'une des championnes nationales en nombre de PME, et son modèle économique singulier de « capitalisme familial » intéresse souvent les spécialistes. ESNOV témoigne donc à sa manière et par son prisme, des vertus d'une entreprise circonscrite, de proximité, souvent familiale, éloignée des grands groupes anonymes. Il ne s'agit pas de faire de ces patrons des saints. Mais bien de reconnaître qu'un contact avec le terrain permet d'humaniser les relations de travail, et de lutter contre cette « mondialisation de l'indifférence » dénoncée par le Pape François.

Plus d'informations sur :
www.esnov.fr

GUSTAVE THIBON

« TOUT CE QUI N'EST PAS DE L'ÉTERNITÉ RETROUVÉE EST DU TEMPS PERDU »

Par Amaury GUILLEM

Amaury travaille pour l'association catholique d'éducation populaire *Le Rocher Oasis des cités.*

CHER GUSTAVE,

En me promenant dimanche dernier sur les hauteurs de Rosans, était-ce votre cher pays du Vivarais, qui vous vit naître, grandir et mourir, que j'apercevais au loin ? À part quelques pérégrinations imposées par les aléas de l'histoire, c'est là que vous avez passé votre vie presque centenaire, les pieds dans la boue de la ferme familiale et l'esprit en quête d'un ciel à retrouver, écartelé entre la *pesanteur* et la *grâce* tels qu'en parle Simone Weil, elle qui fut ouvrière agricole dans votre propre exploitation. Elle a été la « rencontre de votre vie » et vous n'avez pas voulu la garder pour vous : dans sa fuite loin de la France, elle vous a laissé ses pensées en pagaille et vous les avez publiées, révélant au monde ce génie aussi brillantissime que furtif. Je l'ai déjà dit dans ces pages : derrière toute grande femme, il y a un grand homme.

Le regard ainsi fixé vers ces terres que vous dîtes provençales – cela aurait sans doute été un point de désaccord entre nous – je pensais encore à vous. Je voulais vous écrire depuis longtemps, mais je craignais d'allonger la liste des courriers de bas-niveau qui polluaient jadis votre boîte aux lettres. En outre, que vous partager qui ne l'aurai- déjà été par d'autres, vous de qui, sur qui, à qui tout semble déjà avoir été dit ? Pourtant, alors qu'autour de moi, on glose sur le temps qui passe, comment ne pas vous laisser un peu de place dans ces colonnes qui transpirent votre pensée jusqu'à la moindre virgule, vous le « *philosophe bovin* », tel qu'un imbécile vous qualifia un jour – et ce fut pour vous un compliment – qui n'avez eu de cesse de pénétrer le temps pour mieux en extraire l'Eternité qui s'y cache ? Ainsi, entendre votre cri résonner dans le silence assourdissant de notre monde devient une nécessité absolue et même salutaire. Car le temps nous tue, nous qui sommes déjà redevenus poussière et attendons sans trop y croire le coup de balai et le rayon de pitié divins qui la fera danser, transfigurée, dans le soleil, telle que vous la chantiez dans votre poétique *Offrande du soir*.

Vous étiez agriculteur, philosophe mais aussi poète, et c'est peut-être ainsi que l'on vous connaît le moins. Alors que nous regardons les jours succéder aux jours avec une désespérante passivité, vous n'en laissiez passer aucun sans vous réciter des centaines de vers, d'Hugo, de Sénèque, de Dante ou de Marie Noël, à vos yeux la plus grande poétesse d'aujourd'hui. La beauté de ces poèmes, découverte et savourée à l'école buissonnière de la bibliothèque paternelle, vous était nourriture de l'intelligence et de l'âme. C'était aussi une question de

survie contre l'érosion de la mémoire, qui est « *l'érosion de l'homme même.* » C'était enfin, sur vos lèvres, une prière, cet « *acte solitaire [qui] vaccine l'individu contre les maladies du troupeau, contre les épidémies de l'opinion (...) pour échapper à la dispersion, à l'émiettement intérieur comme à la centralisation technocratique, pour résister à la règle imposée du dehors à ceux qui ne trouvent pas en eux-mêmes leurs raisons de vivre et d'agir. La puissance même dont dispose l'homme moderne rend impérieuse l'exigence de vie intérieure.* » Vous avez cultivé la vôtre autant que votre jardin potager et peu à peu, la beauté des rimes et des rythmes conduisit l'adolescent athée à retrouver la foi, celle du « *Dieu de nos pères – et l'on gagne toujours à continuer une tradition, quelque affaiblie qu'elle soit devenue. Et puis, qu'a-t-on trouvé de mieux depuis, sinon de seulement comparable ? Dans l'ordre d'une vision transcendante, rien ne saurait être plus beau. Alors... (...) Croyons donc, en ne cessant pas de douter (...) Je crois en Toi – en Toi que j'ignore.* »

Les années passent et vous dépouillent. De vos certitudes, qui deviennent questions lancinantes. De Dieu, qui devient absence et nuit. De vos amours aussi : les trois femmes que vous avez aimées ont toutes été fauchées par la mort, vous laissant trois fois père. « *Je sais gré à l'amour de m'avoir sauvé du bonheur* ». Pourquoi ne vous a-t-il pas tué vous aussi, ce temps assassin qui nous emmène là où l'on ne voudrait pas aller ou nous fait tourner en rond et en bourrique ? Parce que vous en avez découvert le secret : « *L'unique noblesse de l'homme, la seule voie de salut tiennent dans ce rachat du temps par la beauté, la prière et l'amour. Hors de là, nos désirs, nos passions, nos actes ne sont que « vanité et poursuite du vent », remous du temps que le temps dévore. Tout ce qui n'est pas de l'éternité retrouvée est du temps perdu.* » Il n'y a pas de temps qui passe, ni de regrets d'autrefois ni d'inquiétudes pour demain : il y a seulement l'éternité qui se rend présente, qui se fait présent. A nous de savoir la distinguer dans ce que nous avons à vivre hic et nunc. Il n'y a pas à appeler hier à la rescousse ou à aller chercher mieux ailleurs : « C'est d'âme qu'il faut changer, disait Sénèque, pas de lieu. »

Votre vie devient alors contemplation du cœur de l'homme, malgré la fange à laquelle il ressemble de plus en plus, à la recherche des mystères dissimulés. Vous voulez déceler « *la vie [qui] bourdonne au sein de la pourriture.* » Habité par une lumineuse espérance, vous entendez résonner en vous les mots de votre amie Simone : « *Tu ne pourrais être née à une meilleure époque que celle-ci où on a tout perdu.* » Parce que, complétez-vous, l'époque où l'on a tout perdu, c'est celle où l'on peut tout retrouver, et notamment cette transcendance que nos parents ont cru pouvoir tuer et, avec elle et à cause d'elle, ces lois naturelles qui n'ont pas à être expliquées car elles sont, voilà tout : « *Jamais peut-être encore l'homme ne s'était senti aussi mal à l'aise dans ses limites: comme il a désintégré les atomes, il a fait éclater en lui toutes les dimensions de l'humain; il s'est tellement vidé de son équilibre naturel et de ses assurances terrestres qu'il ne peut plus être retenu sur la pente du néant que par le contrepoids de l'absolu. Le dilemme Dieu ou rien a pénétré jusqu'au nœud de notre chair et de notre âme (...) Mais comment ouvrir les hommes à cette dimension divine qui, en leur donnant l'infini, les guérit de la démesure ?* » En suivant la voie que vous nous indiquez, en restaurant la mémoire, la beauté, l'amour et la prière. C'est contraire à l'esprit de nos contemporains, à la mode du moment ? Tant mieux. Il nous faut être dans le monde sans être du monde et cela vous semble être le privilège de la jeunesse d'aujourd'hui que de pouvoir être anti-conformiste par fidélité à l'Essence éternelle.

« *L'ombre monte avec son troupeau*
d'heures informes
J'écoute, sur le bord du soir désincarné,
Grandir la solitude et le silence où dorment
Les revanches sans fond des aubes avortées. »

Puissions-nous, à notre tour, être « anarchistes conservateurs », comme vous vous définissiez vous-même, veilleurs dans la nuit, disposés à entretenir la flamme grâce à laquelle l'humanité ne meurt pas de froid, quitte à passer pour des illuminés, et même prêts à ce qu'on nous brûle vifs sur ce bûcher que nous aurons provoqué. Alors, oui, nous ne serons plus que cendre et poussière, mais cette fois, elle dansera sous le soleil de Dieu. •

Chronologie

1903
Naissance le 2 septembre à Saint-Marcel-d'Ardèche

1916
Son père mobilisé pour la guerre, Gustave arrête l'école pour travailler à la ferme familiale. Il passe finalement plus de temps dans les livres que dans les champs. Se passionne pour Sénèque en latin, Platon en grec, Hölderlin en allemand, Cervantès en espagnol, les philosophes et les poètes.

1930
Rencontre avec Jacques Maritain qui l'encourage à écrire et lui ouvre les portes de revues.

1931
Co-fonde le mouvement et la revue Economie et humanisme. Accueille chez lui Simone Weill.

1947
publie les notes que lui a laissées Simone Weill sous le titre *La pesanteur et la grâce*. Multiplie les livres et les conférences.

2000
Reçoit le grand prix de philosophie de l'Académie française

2001
Meurt le 19 janvier, dans la ferme où il était né et avait passé sa vie.

Dos

Le temps de vivre

sier

pages dirigées par Gaultier BÈS

Marianne DURANO

Mayeul JAMIN

La Ferme du BEC-HELLOUIN

Sœur DOMINIQUE

Anne LÉCU

Ambroise TOURNYOL DU CLOS

Gaultier BÈS

Joseph GYNT

Geoffroy SAILLARD

Johannes HERRMANN

Jérôme GUILLEVIC

Temps mort

« *Perdre sa vie à la gagner, et voir défiler les années* », chantait Sinsemilia dans son titre « Prendre le temps ». L'injonction faite à l'individu contemporain de jouir de tout, le plus vite possible, l'empêche de savourer, de donner sens et de partager. Prendre le temps, oui, mais à qui ? Prise au pied de la lettre, l'expression « perdre son temps » ne décrit rien d'autre que le sens de notre existence, tissée d'instants qui nous acheminent inexorablement vers la mort. Tout temps vécu est un temps perdu, dont la recherche n'est que vaine nostalgie. « *Le temps s'en va, le temps s'en va, madame / Las, le temps non, mais nous nous en allons* », écrivait Ronsard, dans son Sonnet à Marie. La seule chose qui demeure, c'est le temps lui-même, mouvement perpétuel dans lequel les Grecs voyaient l'éternité de Dieu. Pour les mortels que nous sommes, le temps n'est pas un bien que l'on possède, que l'on pourrait économiser ou rentabiliser, mais la condition et la condamnation même de notre vie. Quoi qu'on en fasse, l'essence du temps est de passer, et l'instant présent n'est qu'une fuite entre le passé qui n'est plus et l'avenir qui n'est pas encore : « *Il ne peut être qu'en cessant d'être* » (Saint Augustin). Si le temps n'est que la forme de notre anéantissement, toutes les expressions qui le chosifient sont vaines, comme sont vains tous nos efforts pour le gagner ou le prendre. Mais si le seul temps qui reste est le temps mort et si vivre, c'est perdre son temps, alors autant se pendre !

Le temps nous est compté

Mais tout cela n'est-il pas un peu facile ? Cette broderie sur le temps qui passe méprise le sentiment, réel, que nous avons parfois de perdre notre temps, de gâcher notre vie et le temps qui nous est imparti. Sous prétexte de dénoncer une vision matérialiste du temps comme d'un objet qu'on possède-

Par
Marianne DURANO
Agrégée de philosophie,
Membre de la rédaction de *Limite*

Festina lente

Prendre son temps pour ne pas le perdre !

rait, on tombe à nouveau dans une définition quantitative de l'existence comme d'une somme d'instants en constante diminution. Pourtant, le temps n'est pas seulement le temps des horloges et des calendriers, il est d'abord la perception d'une durée, dont la qualité colore notre vie-même. Paradoxalement, le sentiment de perdre son temps coïncide avec l'impression que « *ça n'en finit pas* », comme si le temps perdu durait plus longtemps que le temps vécu. Celui qui est absorbé par ce qu'il fait dit ainsi qu'il n'a pas vu le temps passer, tandis que pour celui qui s'ennuie les minutes durent des heures. Plus le temps passe vite, moins on le perd ! La durée, c'est le temps vécu en première personne, dont l'écoulement n'a rien à voir avec le temps mécanique des horloges. Le temps se perd dans ce hiatus entre la durée subjective et le chiffre froid des chronomètres. Il faut alors distinguer le sentiment de l'accusation, la perte de temps ressentie et la perte de temps reprochée. J'ai le sentiment de perdre mon temps quand mon emploi du temps m'impose des tâches qui n'en finissent pas. A contrario, autrui peut m'accuser de perdre mon temps alors même que je suis absorbé par mon action, parce qu'il la juge inefficace et improductive. Dans les deux cas, la perte de temps relève d'une aliénation. La durée subjective de mes jours est soumise au rythme étranger d'un calendrier ou au regard désapprobateur d'un tiers. Le temps perdu, alors, est un temps volé.

L'emploi du temps

Le sentiment de perdre son temps provient d'une négation de la durée subjective au profit d'une temporalité abstraite imposée de l'extérieur : ça va trop vite ou trop lentement, et c'est mon temps, ma capacité à décider moi-même du rythme de ma propre vie, que je perds. Il faut donc prendre très au sérieux l'expression « *perdre son temps* », et comprendre la volonté de « *prendre son temps* » comme la reconquête de notre existence. Noyer cette exigence dans un verbiage existentiel, c'est mépriser l'enjeu politique et social du problème. Perdre son temps, c'est en effet non seulement s'ennuyer dans des activités que nous n'avons pas vraiment choisies, mais également éprouver un sentiment de panique devant une société qui va toujours plus vite, une histoire qui s'accélère, au rythme des nouvelles technologies et des exigences économiques. Le sociologue Hartmut Rosa décrit ainsi dans *Aliénation et accélération* (La Découverte, 2012) ce toujours-plus-vite qui ronge nos existences et détruit les conditions d'une vie bonne. *Speed-dating*, *fast-food*, haut-débit et micro-siestes : il faut faire plus, plus vite. Le progrès technique ne nous fait pas gagner du temps, au contraire : les *e-mail* circulent plus vite que le courrier postal, mais ils sont bien plus nombreux ; les transports sont plus rapides, mais les distances s'allongent ; les machines réduisent les tâches domestiques mais augmentent nos exigences de confort, etc. D'où un sentiment d'urgence et de culpabilité permanent : quoi que je fasse, j'ai l'impression de perdre mon temps, de ne pas être assez efficace, assez productif. Manger en lisant ses mails, conduire en téléphonant : notre temporalité, parce qu'aliénée, est schizophrène. Perdre son temps, n'être pas assez productif, traduit la peur de ne pas être à la hauteur d'une société toujours plus concurrentielle : « [Le phénomène d'accélération], écrit Rosa, *exerce sa pression en induisant la peur constante que nous pouvons perdre le combat, que nous pouvons cesser d'être capable de suivre le rythme, c'est-à-dire de satisfaire tous les besoins (en augmentation constante) auxquels nous faisons face, que nous pouvons avoir besoin de repos et être exclus de la course folle* ». La peur du temps qui passe n'est plus le souci métaphysique du trépas, mais l'angoisse sociale de l'exclusion.

Perte de sens

Cette accélération du temps détruit la possibilité même d'une interrogation sur la vie bonne. L'exaspération qui nous saisit quand nous avons l'impression de perdre notre temps, la tentation de l'aquoibonisme et de la procrastination sont les symptômes de cette perte de sens. Le questionnement moral et métaphysique - « *à quoi bon ?* » - doit néanmoins se doubler d'un questionnement social et politique : « *à qui bon ?* ». À qui profite mon temps : moi, ma vanité, les miens, le PIB ? Dans quelle poche atterrit mon temps perdu ? Pour Hartmut Rosa, c'est notre système économique lui-même qui est en cause : l'accélération de la croissance exige une augmentation permanente de la production et donc une précipitation de la consommation. Il faut bien écouler les stocks. Dans cette consommation effrenée, c'est notre vie que l'on consume. Mais à quoi bon courir toujours plus vite, si on ignore le but poursuivi ? Considérant le monde comme une « *branloire pérenne* », où tout change sans cesse, Montaigne, en homme de bon sens, considérait comme « *notre grand et glorieux chef-d'oeuvre* » de savoir « *vivre à propos* » : « *Quand je danse, je danse, quand je dors, je dors. Et quand je me promène seul en un beau verger, si mes pensées sont entretenues par des soucis étrangers, je les ramène à la promenade, au verger, à la douceur de cette solitude et à moi* ». Voilà tout l'art de vivre de l'auteur des *Essais* (1595). Mais saint Paul va plus loin en recommandant aux Corinthiens de consacrer chaque instant et chaque activité à leur Créateur : « *Que vous mangiez, que vous buviez, ou que vous fassiez quelque autre chose, faites tout pour la gloire de Dieu !* ». L'heure est proche, il est temps de s'y mettre !

Ferme du Bec-Hellouin

Nous sommes des rêveurs pragmatiques !

En Haute-Normandie, à deux pas d'une abbaye millénaire, la ferme du Bec-Hellouin expérimente depuis une douzaine d'années différentes méthodes agricoles respectueuses de l'environnement et de l'homme. Entre innovation et tradition, au rythme de la nature, s'y invente l'agriculture de demain.
Rencontre avec Charles Hervé-Guyer, qui l'a fondée en 2004 avec son épouse, Perrine.

**Photographies
et propos recueillis par
Mayeul JAMIN**

La ferme du Bec Hellouin est désormais célèbre. Comment est né votre projet ?

Nous avons créé cette ferme d'abord pour notre famille, plutôt dans une perspective d'autonomie alimentaire. En 2006, nous avons franchi le pas de devenir « agriculteurs professionnels », entre guillemets puisqu'on n'y connaissait vraiment rien. Nous avons eu beaucoup de difficultés car le métier de maraîcher bio est un métier difficile et nous étions fort mal préparés. Ces difficultés nous ont amenés à chercher d'autres solutions. Notre intention première était de nous reconnecter à la terre, de vivre une relation très intime avec les plantes et les animaux, et nous ne nous retrouvions pas dans les modèles bio mécanisés qui existaient déjà en France. Nous sommes donc tout naturellement allés les chercher à l'étranger, en fouillant dans les courants d'agriculture naturelle et c'est comme ça que nous avons découvert les travaux d'Eliot Coleman aux États-Unis et la permaculture. Ça a été le début d'un voyage passionnant qui nous a amenés à découvrir aux quatre coins du monde beaucoup de réalisations admirables, dont nous nous sommes inspirés ici.

En fait, au Bec-Hellouin, nous avons cherché à faire une synthèse de bonnes pratiques éprouvées, à les faire tenir ensemble. Tout cela nous a menés à développer une approche qui veut prendre le meilleur de différentes traditions, principalement de formes d'agricultures préindustrielles. Nous cherchons également à prendre le meilleur de notre époque, puisque nos connaissances en biologie progressent énormément : nous sommes particulièrement intéressés par la question des sols, de la biodiversité, etc. En prenant le meilleur du passé et le meilleur du présent, nous espérons arriver au meilleur pour l'avenir !

Comment définiriez-vous la permaculture ?

La permaculture est une source importante d'influence pour nous, mais contrairement à ce que beaucoup de gens croient, ce n'est pas un modèle agricole. C'est plutôt un système conceptuel qui nous propose de prendre la nature comme modèle pour nos installations humaines. C'est pour beaucoup une affaire d'agencement, de positionnement des différents éléments les uns par rapport aux autres. L'idée est de créer un système bouclé dans lequel on favorise les interactions entre les différents composants. Et ainsi de produire beaucoup avec peu d'énergie, peu d'intrants et peu ou pas de déchets. Pour nous, c'est un mode de pensée global qui permet de comprendre la ferme, mais nous avons vraiment pioché dans différentes méthodes pour forger la nôtre. Notre méthode repose sur quelques fondamentaux qui sont de cultiver très intensément une toute petite surface, de tout faire à la main et d'apporter un soin extrême aux sols et aux cultures.

Tout cela permet, dans un même mouvement, de récolter beaucoup sur une petite surface et de produire des aliments de haute qualité. En même temps, nous avons pu constater que ça faisait du bien à notre environnement parce que ça permettait de renaturer ce territoire et de favoriser un essor de la biodiversité. La ferme devient entre autres un puits de carbone, c'est-à-dire un réservoir qui capte et stocke le carbone atmosphérique. Accessoirement, cela permet aussi de créer de l'emploi et du lien social.

Vous dites souvent que vous pratiquez une agriculture intensive. Ce terme est pourtant généralement opposé au bio. Comment expliquer ce paradoxe ?

Pour nous, ce n'est pas une intensité d'intrants et de produits chimiques, mais une intensité de soins et d'attention. En travaillant à la main, on ne peut certes pas imiter le tracteur en préparant très vite une grande surface. Mais au bout de plusieurs années de réflexion, nous avons constaté que l'on pouvait faire manuellement tout un tas de choses que le tracteur ne peut pas. On peut ensuite produire énormément au mètre carré en densifiant les cultures, en les associant, en les étageant. Comme dans la nature finalement : il n'y a pas de monoculture à l'état sauvage, les végétaux poussent de manière dense, ils sont toujours mélangés, ce sont généralement des systèmes étagés qui ont une bien meilleure efficacité énergétique, parce que chaque rayon de soleil est capté par une feuille. Nous avons mené une étude avec l'INRA qui a prouvé que nous arrivions à produire en moyenne cinquante-cinq euros de légumes par an au mètre carré, contre trois ou quatre euros pour le maraîchage bio mécanisé. C'est une petite révolution, personne n'aurait cru cela possible, à commencer par nous ! Cette étude a démontré qu'il était possible, avec notre méthode, de produire autant de légumes par heure travaillée entièrement à la main que nos confrères avec un tracteur, et sur dix à douze fois moins de surface. Et avec moins de frais de fonctionnement puisque nous n'avons pas de gros équipements, pas de frais de maintenance, de carburant, d'assurance, etc. Tout cela nous montre la possibilité d'une agriculture complètement différente du modèle dominant, et qui n'a même plus grand-chose à voir avec l'agriculture bio mécanisée.

Comment conciliez-vous pratiques ancestrales et modernité ? Quels critères pour un juste équilibre ?

Il y a des gens qui aiment les trucs high tech, ça les fait saliver. Moi, pas du tout. Je n'aime pas les systèmes compliqués. Il y a également un côté esthétique : je n'aime pas vraiment les matériaux modernes que je trouve froids et inertes. Je suis très sensible au fait de pouvoir tirer profit des ressources biologiques locales : le bois, la terre, le cuir, tout ce que la nature nous offre ! Nous venons de construire une grange avec des techniques médiévales : la charpente a été taillée à la hache, etc. Bien sûr, ça demande du temps de main-d'œuvre, mais c'était un moyen de se faire plaisir, de déstresser en tapant à grands coups de

hache ! (rires) Et puis il y a aussi la fierté d'acquérir de nouvelles compétences, de voir que l'on est « capable de », que l'on n'est pas juste un petit maillon dans une immense chaîne et que l'on est en mesure de subvenir à nos besoins essentiels, de construire nos bâtiments, de faire nos outils, de produire notre nourriture, etc. Ça contribue au sentiment de dignité que peut avoir un être humain, à la réalisation de notre potentiel.

Également, on découvre qu'il y a une efficacité totalement insoupçonnée dans ces formes de techniques préindustrielles. J'ai beaucoup d'admiration pour le savoir des artisans ! Notre époque est dans une sorte de culte du progrès, de fuite en avant qui nous fait penser que tout ce qui nous vient du passé est ringard, dépassé, plus du tout efficient à notre temps. Et nous justement, nous démontrons exactement le contraire : notre production agricole est faite avec des outils extrêmement simples, pas coûteux, mais remarquablement efficaces. Ce n'est pas parce que c'est manuel et peu coûteux que c'est inefficace ! A côté de ça, nous avons un bon appareil photo, de bons ordinateurs, j'ai un smartphone : ce n'est pas non plus le retour au Moyen-Âge.

Mais vous saurez vous en passer le jour où ça ne pourra plus fonctionner.

Exactement ! Si le système contemporain venait à s'effondrer, nous serions en effet capables de continuer à nourrir la communauté locale. C'est une de nos aspirations : être une ferme résiliente. Cet état d'esprit-là m'a été directement inspiré par mon ancienne vie de marin : j'avais un bateau tout en bois, classé monument historique, qui était d'une suprême efficacité ! Nous avons fait le tour du monde avec, et ça marchait vraiment bien, c'était un outil de travail de toute beauté, solide et rustique. On pouvait à peu près tout réparer par nous-même. Nous l'avons sophistiqué avec des outils modernes (dessalinisateur, moyens de communication, groupe électrogène), mais ça tombait tout le temps en panne ! A la fin, pendant notre tour du monde, j'avais trois marins qui passaient une grosse partie de leur temps à réparer les trucs modernes, alors que le bateau en lui-même, qui avait quasiment soixante ans, ne posait aucun souci.

Les institutions ont leur propre rythme, elles sont rarement visionnaires, mais les porteurs de projets et les citoyens peuvent s'emparer de ces sujets et les amener à bouger

La logique du monde semble s'opposer à cette logique de retour aux sources de la paysannerie. Comment votre démarche est-elle accueillie par les pouvoirs publics ?

Nous ne nous positionnons pas contre la société, nous ne sommes contre personne ! Notre moteur a été de suivre notre rêve, j'aime bien dire que nous sommes des rêveurs pragmatiques. Même si globalement, ce modèle de civilisation nous déplaît profondément, nous en faisons partie, nous sommes les enfants du XXIe siècle et de cette société-là. Et nous profitons aussi de ses bons côtés. Je pense que ce positionnement a contribué au fait que ce que nous testons ici a été très bien accueilli dans l'ensemble. Nous avons donc été agréablement surpris par la capacité d'accueil de nos institutions, qui a été extrêmement rapide. Par exemple, au sein de l'INRA, les conclusions de l'étude faite ici ont été accueillies très favorablement et font bouger les choses en interne. Également au sein du Ministère de l'Agriculture, ils ont décidé d'enseigner la permaculture à titre optionnel à partir de la rentrée 2017. Ce qu'on voit de manière plus large, c'est que les vieux modèles ont du plomb dans l'aile, il faut donc bien inventer des alternatives qui marchent. Les institutions ont leur propre rythme, elles sont rarement visionnaires, mais les porteurs de projets et les citoyens peuvent s'emparer de ces sujets et les amener à bouger. Dès que ça devient un phénomène statistiquement signifiant, elles sont bien obligées d'en tenir compte et de suivre le mouvement.

Vous êtes chrétiens, catholiques. Votre démarche est-elle également spirituelle ?

Chercher à préserver la vie et la beauté – qui est essentielle –, mettre en avant des valeurs de solidarité, tout cela est éminemment spirituel ! Mais ce n'est pas le propre d'une religion. Nous, nous sommes chrétiens, mais nous sommes également nourris par d'autres formes de spiritualité qui enrichissent cette approche-là. J'ai par exemple passé quinze ans de ma vie à l'école des peuples premiers, qui ont une forme de spiritualité très présente, totalement axée sur le sentiment que tout est Un, que la vie est Une. Il y a un principe de Vie, avec un grand V, que l'on peut qualifier de divin si on est croyant. Ce principe de Vie est présent dans ce petit oiseau que je vois là, dans les plantes, partout ! Si on porte atteinte à la planète, on porte atteinte à cette unité du vivant et du coup, par effet rétroactif, à l'être humain.

L'être humain a une place particulière dans la création, peut-être aussi parce qu'il est l'interface entre le monde de la matière et le monde spirituel, ce qui ne doit pas le pousser à l'esprit de domination

Je crois que le christianisme est en train de revisiter sa posture vis-à-vis du reste du monde vivant, parce qu'on avait trop mis l'homme sur un piédestal, le reste de la création était presque une sorte de chose livrée à la convoitise des êtres humains. Nous n'avions pas forcément perçu cette unicité de la vie, nous nous croyions supérieurs. Du coup, nous saccagions sans trop d'état d'âme le reste du monde vivant. Je crois que l'encyclique du Pape François marque une étape importante dans la pensée écologique chrétienne, notamment quand il parle de notre « Maison Commune ». Nous ne sommes pas supérieurs, nous avons une forme de conscience différente de celle des plantes et des animaux, pourtant ce pouvoir qui est le propre de l'être humain ne doit pas nous autoriser à être des super-prédateurs qui ravagent tout, mais nous inviter plutôt à transformer ce pouvoir en service, à prendre soin des plantes et des animaux. Et ça les peuples premiers l'ont complètement perçu, les Amérindiens par exemple l'expriment extrêmement bien ! L'être humain a une place particulière dans la création, peut-être aussi parce qu'il est l'interface entre le monde de la matière et le monde spirituel, ce qui ne doit pas le pousser à l'esprit de domination. Ces spiritualités amérindiennes mettent vraiment l'accent là-dessus, c'est au cœur de leur pensée, et ça m'a toujours énormément parlé ! Je me réjouis donc énormément de voir que le monde chrétien, et notamment catholique, s'empare de cette question : mieux vaut tard que jamais. Mais nous devons faire preuve d'humilité parce que nous avons beaucoup de retard.

Si on bousille la seule planète vivante connue, on génère beaucoup de souffrance chez les êtres humains. On ne peut pas dissocier la charité faite à travers tout un tas d'œuvres chrétiennes admirables sur le terrain de la solidarité, de l'aide aux plus démunis, de la solidarité envers tous les êtres vivants. Il est inutile de soigner les êtres humains si on saccage les terres arables, les ressources en eau potable, etc. C'est ça qui envoie les paysans pauvres dans les bidonvilles ! Tous les grands bidonvilles de la planète sont peuplés de paysans qui ont été chassés de leurs terres. La question de l'écologie, l'option préférentielle pour les pauvres, le Pape François est très visionnaire quand il les réunit dans son encyclique Laudato Si' : on ne peut plus dire « je fais l'un, mais pas l'autre ». Il faut que nous ayons une vision plus holistique.

Encore une fois, nous n'avons pas un tempérament militant, et c'est vrai ici aussi. Nous n'avons donc jamais particulièrement cherché à convertir le monde catholique à l'écologie. Pour autant, nous sommes ravis de pouvoir apporter notre pierre à l'édifice quand on vient nous chercher. Nous observons ces derniers temps un regain d'attention à la question écologique dans les monastères et les communautés chrétiennes. Récemment, il y a eu un rassemblement de certaines de celles-ci au Bec Hellouin et nous avons été heureux de pouvoir apporter notre expérience.

Vous avez quatre enfants. Comment cette vie est-elle compatible avec une vie de famille ? Permet-elle d'assurer les besoins élémentaires (logement, nourriture, santé, études, etc.) ?

C'est une vraie question et elle n'est pas à prendre à la légère. Pour nous, cela a été particulièrement difficile, et ça l'est toujours. Pendant nos cinq premières années, nous n'avons rien gagné, c'était un vrai saut dans le vide. Je crois beaucoup en la Providence : si on accepte de courir des risques pour quelque chose de juste, les moyens finissent toujours par arriver. Le manque d'argent ne devrait jamais être une raison suffisante pour renoncer, parce que quand on s'engage du fond de ses tripes pour quelque chose, tout finit par se débloquer. L'énergie qu'on émet modifie le monde autour de nous, si on est dans le don et qu'on s'engage pour le bien commun, il y a toujours une réponse

de l'univers. Bien sûr, cette réponse n'empêche pas les galères, nous en avons eu des milliers, parfois très graves ! Mais ce que j'avais déjà remarqué sur mon bateau, c'est qu'à chaque fois qu'on est au bord du gouffre, prêts à couler, la réponse et les moyens arrivent. Le problème, c'est que ça survient toujours au dernier moment ! Je me souviens d'un week-end où nous étions en train de construire notre centre de formation, qui coûtait bien plus cher que prévu puisque nous voulions qu'il soit fort beau. Le samedi matin, j'ai dit à ma femme, Perrine : « si on ne trouve pas 100 000 euros ce week-end, on coule… ». Le matin même, les 100 000 euros sont arrivés ! Et des exemples comme celui-ci, j'en ai à la pelle. Donc nous avons eu beaucoup de difficultés, mais nous n'avons pas coulé.

Le plus difficile pour nous, c'est la sur-sollicitation permanente, qui nous épuise et peut même parfois nuire à notre santé, qui fait que nous sommes nerveux, stressés et donc facilement irritables. Et le problème, c'est que ce sont nos enfants qui risquent de trinquer. Mais à côté de ça, ils vivent dans un bel environnement, ils ont tout un tas d'opportunités géniales autour d'eux, et l'engagement que nous portons en faveur du monde de demain, nous le faisons en pensant à eux ! Ce qu'il faut, c'est être en permanence dans une recherche d'équilibre où notre engagement pour l'intérêt général ne va pas nous mener à sacrifier nos propres enfants. Les enfants ne doivent jamais être les laissés-pour-compte des engagements de leurs parents, aussi nobles soient-ils. C'est malheureusement trop souvent le cas, j'espère que nous avons réussi ici à éviter tant bien que mal cet écueil.

Que diriez-vous à un jeune qui réfléchit à se lancer dans la paysannerie aujourd'hui ?

On n'a qu'une seule vie et elle passe très vite ! Il faut réaliser nos rêves ! Ce qui me frappe, c'est que j'ai toujours cherché à réaliser mes rêves et que finalement quelque part, ça m'a réussi. Parce que mon expérience de bateau-école qui a duré vingt-deux ans, c'était un rêve de gosse pour moi : partir à la découverte des peuples du monde sur un bateau, ça a été une aventure extraordinaire aussi pour beaucoup de gens. Et puis ensuite ce rêve de devenir paysan, ça a pu aussi apporter une contribution. Donc quelque part, si on se réalise en poursuivant ses rêves, on peut apporter sa contribution au monde ! Alors que si on s'obligeait à être dans une boite qui ne nous correspond pas, à faire le deuil de nos aspirations les plus profondes et les plus belles, serait-on en capacité d'apporter une contribution ? Je ne pense pas.

Chacun de nous a une espèce de niche écologique qui lui est propre, et il faut tout faire pour être dans la bonne niche, parce que c'est là qu'on sera vraiment efficace et en capacité de donner davantage.

Après, il faut faire les choses le plus sérieusement possible ! Sur mon bateau, je disais toujours à l'équipage : « On va le plus loin possible, mais on ne va pas n'importe où ni n'importe comment. ». On le fait aussi à la ferme et je crois que c'est ce qui fait que ça marche. J'avais un deuxième petit adage pour accompagner le premier : « Plus le projet est fou, plus il faut le réaliser sérieusement ! ». C'est également ce qu'on cherche à faire ici : c'est un délire, cette ferme, nous sommes donc ultra-rigoureux au quotidien. On tient les deux pôles de l'équation.

Vous disiez que le système permacole permettait à la nature de se substituer à l'homme en lui évitant certaines interventions. Pourtant, vous dites travailler énormément, et parfois même trop. N'y a-t-il pas une certaine contradiction ?

Tu mets là le doigt sur un vrai sujet, qui est souvent à mon avis mal compris. Beaucoup de permaculteurs rêvent de ne pas travailler beaucoup. Un gars est arrivé ici l'autre jour et nous a dit : « Mon rêve, c'est de travailler le moins

possible. ». Je lui ai répondu : « Je crois que tu t'es trompé d'adresse ! ». (rires) Les paysans ont toujours travaillé beaucoup. Il y a un paradoxe qui repose notamment sur l'œuvre de Masanobu Fukuoka, ce japonais qui a écrit ce livre magnifique, La révolution d'un seul brin de paille. Ce gars-là parlait de l'agriculture du « non-agir », les gens en ont du coup déduit qu'en laissant faire la nature, on pouvait ne pas travailler beaucoup. Ça ne mène qu'à des échecs ! Et ceux qui ont connu Fukuoka disent que c'était en fait quelqu'un qui travaillait beaucoup. Pour moi, l'agriculture du « non-agir », c'est plus une question de positionnement intérieur : c'est chercher à être aligné dans un rapport juste avec le monde vivant, respectueux de toutes ces interactions multiples dont la plupart nous échappent, dans un bon positionnement par rapport à toutes ces forces qui sont à l'œuvre. Ce positionnement juste va modifier les énergies autour de nous et rendre possible tout un tas de choses. Ça ne veut pas dire qu'on ne travaille pas.

La permaculture a souvent été décrédibilisée dans le monde agricole parce que les gens se contentaient de jeter des poignées de graines dans la nature en disant que ça allait faire un jardin naturel. Mais non ! Parce que la nature produit des plantes sauvages, et nos légumes ne sont plus du tout des plantes sauvages.

Après, ce qui fait également que nous travaillons beaucoup ici, c'est tout ce qu'il y a autour de la production agricole. Tous les permaculteurs n'ont pas ces contraintes supplémentaires.

Votre pire souvenir ?

Le pire souvenir, c'est quand ma femme était désespérée, en grande souffrance, voire malade à cause de la surcharge. Parce que c'est un peu moi qui l'ai embarquée dans cette aventure et elle m'en a beaucoup voulu. Donc ce furent ces années de tension, y compris au sein de la famille, parce que c'était moralement trop difficile.

Et le meilleur ?

Et le meilleur… Par exemple hier, quand je voyais Fénoua, ma petite dernière, qui nageait dans la rivière – qui n'est pas très chaude en avril – une bonne partie de l'après-midi, qui jouait sur la plage. Et la veille, quand nous avions été pêcher ensemble des poissons dans une mare pour les relâcher dans un nouvel étang que nous venons de créer. Là, je me disais en moi-même : « J'ai tellement rêvé de vivre comme un indien, mais en Normandie, dans notre société. » C'est-à-dire être intimement connecté à la nature, sans se couper du monde contemporain. Et quand je regardais ma petite Fénoua, je revoyais ces images des indiens chez qui j'ai beaucoup été en Guyane française, la joie et la liberté de ces enfants dans la nature. Et je me disais : « On n'est pas dans les rapides de Guyane, mais on est dans les mini-rapides du Bec Hellouin et ma fille, tout en vivant une scolarité normale – et brillante par ailleurs – et en allant sur Internet, à la chance de vivre cette connexion à la nature ! ». C'est la plus belle récompense que je puisse avoir ! ●

Vivre à temps

« Passe-toi de montre. L'heure ne compte pas dans l'évidence. Tu te lèveras quand le soleil se lève. Quand il se couche, tu te coucheras. Tu mangeras quand ta faim aura sonné midi. Tu boiras quand une fontaine rafraîchira ta route. »

Lanza Del Vasto,
Principes et préceptes du retour à l'évidence, Médiations, (1945)

(cité par Frédéric Dufoing, dans *Vers un écologisme chrétien*, Médiaspaul, 2017)

CEF, oui, CEF !

Mineurs délinquants : le temps de s'apaiser

« La semaine prochaine, je ne peux pas, j'emmène mes jeunes en balade avec mes ânes ! » Le ton était donné : ce n'était pas un gardien de prison que nous allions rencontrer dans ce Centre Educatif Fermé, mais un drôle de directeur, mi-philosophe mi-paysan, qui transforme la zone en ferme et soigne les âmes avec les ânes...

Par
Gaultier BÈS
Enseignant agrégé de lettres,
Directeur adjoint de *Limite*
Illustrations de
Sarah-Louise BARBETT

Guide du Rontard

Au CEF de Savigny-sur-Orge, la fine fleur de la délinquance vit au milieu des ânes, des chèvres, des poules et des abeilles du directeur. D'ailleurs, quand on arrive et qu'on cherche son chemin, la réponse à l'accueil ne trompe pas : « M. Rontard ? Vous le trouverez dans le bâtiment aux volets bleus, là-bas, derrière les ânes ! » Et à peine l'a-t-on salué qu'il nous emmène, en bêlant, admirer ses moutons de Sologne qui paissent, à moitié tondus, derrière les serres potagères, et qu'on se retrouve à parler chasse au renard avec un garde forestier. Quoi de plus normal, me direz-vous, que des animaux dans une ferme ? C'est ce que s'est dit Yvon Rontard lorsqu'on lui a confié la direction de ce centre installé dans les vastes bâtiments de la Ferme de Champagne, où une dizaine de mineurs aux déjà lourds casiers judiciaires sont accueillis pour une période de six mois. Onze exactement, sachant qu'une place est désormais bloquée pour des jeunes qui voudraient partir faire le djihad ou qui en reviennent.

« Quand on m'a demandé de développer la spécificité du CEF, il m'a semblé naturel de retrouver l'esprit de la ferme. Ces terres sont agricoles depuis le XIIe siècle ! C'est ici, en 1854, qu'on a distillé pour la première fois de l'alcool à partir de la betterave à sucre. Ensuite, à partir de 1945, le site a accueilli des mineurs délinquants jusqu'à devenir, en 2007, à la création de cette nouvelle structure judiciaire, le premier CEF. Quand je suis arrivé, je me suis dit qu'il fallait réconcilier cette double tradition de la ferme de Champagne ! Les champs étaient en friche, il ne restait plus qu'à se mettre au boulot et à faire venir les animaux ! » Les jeunes cabossés qui débarquent ici ont presque tous grandi en banlieue, loin de la nature : une chèvre, pour eux, c'est le bout du monde ! Sacré défi pour ce père de famille nombreuse fasciné par les bêtes : aider les jeunes qui lui sont confiés quelques mois à sortir de leur rapport artificiel au temps et à l'espace pour intégrer un rythme plus sain, plus concret. « Le jardin, avec ses contraintes propres, fournit un cadre, constitue un environnement en lui-même radicalement différent de ce qu'ils connaissent chez eux, dans la cité, ou, pire, en prison. Il offre un paysage plus agréable qu'une barre d'immeubles ou qu'une décharge automobile, comme celle qui est sous les fenêtres de l'EPM de Porcheville… [Établissement Pénitentiaire pour Mineurs] » Ils peuvent suivre l'évolution des saisons, voir naître et grandir les animaux, être à l'écart des sollicitations et du bruit de la ville, bref, sortir du « tout, tout de suite » auquel ils sont habitués. Les aider à mieux gérer leurs émotions, à accepter la frustration : tel est le but de l'équipe éducative du CEF. Mais Yvon Rontard reconnait que le travail est laborieux et les résultats incertains, car comment quantifier la confiance ? Le poste en tous cas n'a rien d'une sinécure : les jeunes requièrent une attention constante, et les débordements sont fréquents : « Franchement, j'étais prévenu : quand je suis arrivé, il y a deux ans, j'étais le 7e directeur en six ans… Pour l'instant, je tiens bon, enfin, j'essaie !… »

Médiation animale

Avant de devenir directeur de l'un des quatre CEF d'Île-de-France, Yvon Rontard a eu un parcours étonnant, et qui, on peut l'imaginer, est loin d'être terminé pour cet homme plein de ressources. Tout commence par des études de philo à l'IPC (Institut

3 questions à Yvon RONTARD

1 / Comment le « temps libre » est il vécu au CEF ?

La notion de temps est très particulière au CEF car les jeunes que nous accueillons sont des noctambules communautaires : ils fuient la solitude dans le temps et l'espace malgré leur chambre individuelle. Ainsi, les nuits en solitude sont elles pour eux source d'angoisse profonde et c'est là où la présence éducative prend toute sa densité temporelle. En effet, le temps éducatif représente en CEF à peu près 20h au quotidien ce qui signifie que les 6 mois de placement sous contrôle judiciaire représentent en temps réel quasiment le double. C'est un peu comme la différence entre la température réelle et la température ressentie…

2 • Peut-on réussir, en seulement 6 mois, à aider ces mineurs sur le long terme ?

On ne réussit sa vie qu'à l'heure de sa mort peut être… C'est pourquoi notre ambition n'est pas de les aider sur le long terme et encore moins de les éduquer, mais d'être une parenthèse apaisante sur leur chemin pénal. Dieu sait, avec les juges des enfants, que leur parcours est suffisamment pesant pour les empêcher de rêver à un matin qui chante. Au contraire, leurs pensées sont toujours empreintes de leur passé et de ses conséquences pénales. Ainsi, nous offrons cet oasis de paix où le temps pénal s'arrête pendant 6 mois pour ces mineurs multirécidivistes en les protégeant d'eux-mêmes et de leur violence tout en protégeant la société. Cette parenthèse n'a d'autre ambition que de leur faire comprendre qu'assumer les conséquences de ses actes est la seule voie de libération et de déploiement de l'homme adulte qui sommeille en eux. Vous savez, très souvent les explosions de violence sont la liturgie de leurs larmes d'enfants blessés d'amour… Seul l'amour incarné par la confiance en l'adulte peut alors espérer transfuser la vie.

3 • Quel rôle accordez-vous aux activités du Centre ?

Les mineurs délinquants ont tous une vie déséquilibrée tant sur le plan physique, psychique qu'affectif. Les activités manuelles que nous mettons en place au CEF de Savigny (génie civile, mécanique auto, atelier cuisine et diététique, fabrication de fromages, médiation animale, etc.) ont un double but : confronter leur corps aux limites de la nature animale ou minérale, et unifier l'intégrité de leur être par les cinq sens. Ces jeunes ne connaissent que la limite pénale qui se termine très souvent en incarcération. Or nous souhaitons ici qu'ils se confrontent aux limites naturelles qui leur permettent d'être libres de créer comme ces merveilleux bas-reliefs qu'ils ont sculptés pour les dix ans du centre. Alors, la limite ne devient plus enfermement ou jugement moral, mais source de création et de satisfaction de soi par et dans son corps. Retrouver le sens du corps, son équilibre alimentaire et son rythme biologique, faire corps avec la matière ou toucher le corps vivant d'un animal sans le violenter, faire corps avec les autres mineurs 24 heures sur 24, c'est pouvoir intégrer le corps social, et donc sortir de la délinquance…

de Philosophie Comparée, à Paris), où il rencontre son épouse, Catherine, avec qui il a douze enfants… Il travaille d'abord plusieurs années comme chef d'établissement dans l'enseignement catholique (où il s'est trouvé, avoue-t-il, beaucoup moins libre qu'au sein de Ministère de la Justice) ; obtient une licence de théologie ; dirige ensuite une boîte à bac à Paris ; découvre peu après l'hypnothérapie ericksonienne (une méthode d'hypnose qui cherche à lever des blocages socioculturels par la réactivation des ressources naturelles) ; se forme enfin en médiation animale auprès de François Beiger, le fondateur de l'Institut Français de Zoothérapie qui a passé trois ans dans une tribu inuite au Canada ; et le voici, à plus de cinquante ans, responsable de mineurs déjà multirécidivistes.

Quand il s'installe à Savigny, en célibataire géographique (sa femme et ses plus jeunes enfants vivent en Bretagne), l'éleveur d'ânes se fait éducateur des âmes. Et dans le centre, pensé comme alternative à la prison, ce ne sont plus les mâtons qui passent mais les moutons qui paissent. Le CEF devient un lieu d'apaisement, pour le corps grâce à des partenariats de santé tel l'Hôtel Dieu de Paris, pour l'esprit grâce à la présence d'un enseignant de l'Education nationale, et enfin par le retissage paisible des liens familiaux. Dans l'emploi du temps bien rempli des jeunes, une séance quotidienne avec un animal est prévue, chacun selon ses propres problématiques. Les ânes, en revanche, c'est pour tout le monde, nous explique Yvon Rontard : « parce qu'un âne n'obéit pas, mais fait confiance ! » Les animaux eux-mêmes sont formés à la médiation pour que les jeunes se sentent bien avec eux et que le courant passe facilement entre eux. Le CEF a par ailleurs développé des liens avec une chèvrerie bio, près de Sète, dans le sud de la France, où certains des mineurs accueillis font des stages de trois semaines pour apprendre à faire

le fromage, à filtrer l'eau, à s'occuper des animaux… « J'essaie de mettre en place avec les animaux ce que j'ai découvert en hypnothérapie, résume Yvon Rontard : il faut recréer un lien de confiance, et d'abord au sein même de la personne. Les animaux, eux, ne trichent pas, n'ont pas d'arrière-pensées : avec eux, la relation est chaste, au sens de gratuite, désintéressée. » Face à une ruche comme face à un âne, impossible de jouer au caïd ou de faire le bouffon !

La liberté dans la limite

La démarche éducative consiste dès lors à lever l'illusion du 'je ne suis pas capable de' ou du 'je ne vaux rien' pour redonner confiance, pour que les limites n'écrasent pas, comme une chape de plomb, mais fassent grandir, comme un tuteur… Eduquer, autrement dit, à la liberté non pas dans la licence (je fais ce que je veux !), mais dans la limite (je fais ce que je peux !)… Les jeunes qui arrivent ici, certains après avoir commis des horreurs, sont très craintifs, très peureux, nous explique Yvon Rontard. Leur violence naît justement de leur difficulté à s'exprimer, à maîtriser les mots : en dehors de leur bande, ils redeviennent les enfants qu'ils ont trop tôt cessé d'être. Pour le directeur, comme pour les psychologues et les éducateurs spécialisés qui se relaient auprès des jeunes (une trentaine d'intervenants pour une dizaine de jeunes!), le défi est d'arriver, en très peu de temps, à entrer dans une relation de confiance pour qu'à la sortie du CEF, ils sachent faire face plus posément au monde extérieur.

« Même s'il y a toujours à redire, en France, juge Yvon Rontard, la justice pour mineurs fait tout son possible pour les sortir de la spirale infernale de la délinquance, notamment en les faisant réfléchir au sort de leurs victimes. Il faut développer les alternatives à la prison, notamment pour éviter le bourrage de crâne islamiste, même si un court séjour en prison, quinze jours, trois semaines, ça peut être positif. C'est ce qu'on appelle le choc carcéral : le délinquant perd toute envie d'y retourner, ce qui est quand même un peu l'idée… »

Ici, au CEF, paradoxalement, les jeunes bénéficient d'un cadre bien plus fort qu'en prison : ils ont un emploi du temps personnalisé de 9 à 17 heures, alors qu'un prisonnier peut très bien rester toute la journée dans sa cellule devant la télévision, et surtout, les conditions de présence évoluent au fur et à mesure de leur séjour et selon leur comportement. Si le premier mois, où ils ne sortent pas, est souvent marqué par des envies ou des tentatives de fugue, les mois suivants sont plus faciles à vivre grâce à des retours en famille réguliers (tous les quinze jours, puis tous les week-ends), des cours dans les collèges ou les lycées des environs, ou des stages en entreprise. « Pour eux qui arrivent le plus souvent après 24 ou 48 heures de garde à vue, six mois, c'est interminable ! 'Je ne vais jamais tenir', disent-ils. Mais on leur explique justement que si le séjour se passe bien, s'ils montrent qu'ils ont mûri et compris le mal qu'ils ont causé, alors ils pourront bénéficier d'une réduction de leurs peines pour ceux qui ont été condamnés à de la prison ferme ou éviter des peines carcérales trop longues . »

Que deviennent-ils après le CEF ? Difficile à dire, tant les parcours sont chaotiques. Certains retombent, évidemment, mais beaucoup aussi réussissent à retrouver goût à la scolarité et osent enfin se projeter dans une insertion professionnelle. On imagine que l'expérience de camaraderie constructive vécue ici, que ce soit à travers la récolte du miel des ruches, la participation à un « Top Chef - le parcours du goût » spéciale PJJ (Protection Judiciaire de la Jeunesse), ou un atelier de sculpture sur pierre, portera tôt ou tard du fruit. « On ne peut pas violer une liberté, rappelle Yvon Rontard, et se faire du fric est tellement facile dans leurs réseaux… » Mais le pot de miel de la ferme de Champagne qu'il nous offre avant de repartir, les colombes de la paix qu'il nous montre fièrement, comme les quelques jeunes qu'il nous aura présentés ce matin-là, ce vendredi de la Passion, juste avant Pâques, témoignent malgré tout d'une espérance dans les ténèbres. Aux captifs la libération !

LE CEF RECRUTE !

Vous voulez aller aux périphéries ? Vous coltiner la pâte humaine ? Pour la rentrée de septembre 2017, le CEF de Savigny-sur-Orge recherche des éducateurs contractuels ardents ! Un bac+2 est requis. La résonance des âmes fera le reste, dirait François Cheng…

Envoyez votre CV à :

yvon.rontard@justice.fr

Sœur Dominique

Le temps est don de Dieu

Située dans la Drôme provençale, parmi les vignes et les lavandes, le monastère de La Clarté Notre-Dame, à Taulignan, est le QG d'*Oekologia*, association qui veut mettre en résonance la foi chrétienne et l'écologie contemporaine. Et pour cause : les moniales dominicaines ont vécu, à partir de 2009, une profonde conversion écologique. Rencontre avec Sœur Dominique, mère prieure, qui a pris le temps de nous recevoir.

**Photographies
et propos recueillis par
Mayeul JAMIN**

Dieu a profondément inscrit notre vie terrestre dans le temps tout en nous appelant à l'éternité. En quoi cette temporalité peut-elle nous préparer à la vie éternelle ?

Le temps est une création divine. C'est d'ailleurs bien dit dans la Genèse : pour fixer le temps, Dieu crée le jour et la nuit. Le temps est donc dans la pédagogie de Dieu : il est pour nous une finitude, qui s'inscrit dans le principe de la limite. C'est une pédagogie pour nous permettre d'atteindre ce que l'on ne peut pas avoir d'emblée. Soit on le reçoit comme un esclave, soit on le prend pour ce qu'il est, c'est-à-dire un don de Dieu.

Pour nous moniales, la liturgie est une façon de vivre à la fois notre temporalité humaine, terrestre, et le temps de Dieu. Le temps est pour nous vraiment liturgique, de ce fait il est le temps de Dieu, le temps où Dieu nous parle, où Il se fait plus présent.

Toutes les règles monastiques imposent, à des degrés divers, des horaires bien réglés. Pourquoi ?

C'est encore de la pédagogie, pour que l'on s'y tienne. Si la cloche ne sonnait pas cinq heure et demie, est-ce qu'on dirait les vêpres, à la longue ? Je pense que c'est une miséricorde par rapport

à notre faiblesse humaine. Pour manger, ça va puisque l'estomac réclame ! (rires) On n'a pas forcément besoin de sonner. Mais pour prier, c'est une libération, ça nous enlève un souci. Je le sais particulièrement en tant qu'ancienne ermite : la première chose à faire, c'est son emploi du temps ! Sinon c'est le *Club Med*, parce qu'on est fragile. C'est à la fois une sagesse et parfois un joug, parce qu'il faut s'y plier. Quand la cloche sonne, il faut tout arrêter et y aller. C'est une vraie structuration.

Cela ne peut-il pas à force laisser un certain sentiment de routine ?

C'est ce que tout le monde croit, mais ce n'est pas le cas. Tout ce qu'on vit est animé, chaque seconde est remplie de quelque chose et on ne sent pas la monotonie. Quand je suis entrée au monastère, mes amies s'interrogeaient là-dessus, elles me disaient : « Quand tu aimes quelqu'un, tu ne dis pas "Ah, cinq heure et demi : je t'aime chéri. !" ». Je comprends ces réactions, mais il se vit autre chose ici. Et on est contente d'entendre la cloche pour aller dire « Chéri, je t'aime ! ». (rires) Bien sûr, il y a des jours où on l'est moins, mais c'est aussi la grâce de vivre en communauté, car sans elle, peut-être qu'on n'irait pas.

La vie monastique laisse-t-elle le temps de « perdre son temps » ?

Oui ! Grâce au sabbat. La notion de sabbat est très importante, on se prépare au grand sabbat. La vie monastique, c'est « Vacare Dei » : on vaque à Dieu, on se consacre à Dieu, on est en perpétuel sabbat pour Dieu. Bon, on bosse comme des folles, mais c'est une vacance au sens propre. Ce n'est pas évident, car nous vivons malgré tout dans le monde, et le monde presse à la porte, l'esprit du monde transperce les murs. Il nous faut en permanence nous rappeler que nous sommes là avant tout pour Dieu. Nous tendons vers l'éternité, et qu'est-ce que la vie éternelle sinon un sabbat éternel ?

La vie monastique appelle à la contemplation, quand le monde vit, lui, à un rythme frénétique. Pourquoi est-il si nécessaire de « prendre son temps » ?

Parce que Dieu est dans l'instant présent. Si on passe son temps à zapper l'instant présent parce qu'on court après quelque chose qui n'est pas encore ou qu'on pleure quelque chose qui n'est plus, on ne trouve jamais le train de Dieu. L'avantage, c'est que le train repasse ! Mais l'intensité de la vie est dans l'instant. On s'en rend compte quand on arrive à trouver le Seigneur dans la prière : à ce moment-là, le temps est aboli. Je crois que c'est cela qu'on a à rappeler au monde en fin de compte. Ce n'est pas vivre en contradiction avec le monde, c'est notre vocation que de lui rappeler qu'il y a un autre temps que celui qu'il vit lui. Ce n'est pas un reproche, c'est un rappel.

Comment, dans leur vie quotidienne, les laïcs peuvent-ils s'inspirer du rapport au temps de la vie monastique ?

En se donnant du temps ! Ou plutôt de se donner un temps. C'est ce que l'on dit aux gens pour la prière, il n'y a pas forcément besoin que ce soit très long, juste que ce soit régulier. Chaque jour, faites une pause, arrêtez tout ce que vous faites et pensez au Seigneur, lisez Sa Parole, parlez-Lui. Et petit-à-petit, le temps passera différemment parce que vous vous serez mis en Sa présence. Et on ne se met pas en présence en courant après l'autobus.

Un monastère, qui plus est écolo, vit finalement deux temps à la fois : le temps de la nature, qui détermine les activités humaines, et le temps liturgique, qui rythme la vie spirituelle. Comment concilier ces deux temps ?

En fait, ils ne sont pas si étrangers l'un à l'autre ! Le Carême et le temps pascal tombent au début du printemps, lorsque la vie éclot. Je trouve qu'il y a une grande harmonie et que le fait de cultiver la terre rythme en quelque sorte notre vie spirituelle. Peut-être pas forcément dans les moments précis, mais dans les images, les symboles : les moments de sécheresse, les moments de désert, cet hiver où apparemment tout est mort et où tout renaît. Le rythme monastique s'accorde finalement très bien avec le rythme de la nature, probablement parce qu'il doit être proche du temps de Dieu. Notre prière du matin est la louange, parce que c'est le réveil ; celle du soir essaie de remettre en paix, pour pouvoir passer une nuit paisible. Il y a toute une gestion du souffle de Vie dans la journée qui correspond aux heures : quand la nuit tombe, on ne part pas à la moisson – sauf s'il a fait quarante degrés ! Tout cela est très sage. Et nos ancêtres ruraux vivaient de ça, c'est un vrai équilibre. Notre organisme est fait pour s'accorder au rythme de la nature. Le corps et les saisons, le temps d'ici-bas et le temps de l'au-delà, tout est affaire d'équilibre et d'adaptation mutuelle.

Prison, maladie, solitude…

L'épreuve et le temps

Tenter de vivre la bonne présence, de saisir les occasions favorables : tel est le défi que chacun s'efforce, avec plus ou moins de bonheur, de relever au quotidien. Mais dans l'épreuve de la maladie ou celle de l'incarcération, notre rapport au temps se pose avec une intensité particulière. Éléments de réponse avec Anne Lécu, sœur dominicaine, médecin en prison.

Par
Anne LÉCU
Illustrations de
Guillaume DELOIZON

Le temps de l'épreuve

L'épreuve vient par où on ne l'attendait pas. Elle peut avoir de multiples formes. Elle nous rappelle notre condition incarnée et vulnérable. L'épreuve de la maladie physique peut être insidieuse ou brutale. Le corps devient opaque, étrange, incompréhensible. L'épreuve de la maladie psychique est souvent plus déroutante encore. Le sentiment d'étrangeté de soi à soi est doublé de l'étrangeté perçue par les autres. La maladie instaure un sentiment de danger, le danger de la mort, épreuve par excellence, irrémédiable perte pour ceux qui restent. L'épreuve est bien souvent « condamnation ». « Il est condamné », dit-on dans les maladies graves. Comme une sentence, comme un jugement.

Pour ceux qui fréquentent les prisons, comme moi depuis près de vingt ans, la condamnation est d'abord celle du tribunal, il s'agit d'une « peine » prononcée par des juges, d'un espace de temps pendant lequel une personne reconnue coupable pour des faits donnés sera privée de liberté. Mais la condamnation se redouble de beaucoup plus que de la perte de la liberté. Les personnes détenues sont condamnées à vivre loin de leurs proches et loin de leur maison. L'épreuve de la faute commise peut se redoubler pour beaucoup de l'épreuve de la peine subie, et parfois de l'épreuve de multiples maux subis dans l'enfance ou dans la vie « d'avant ». Car la prison est un lieu de misère avant tout.

L'épreuve se redouble aussi lorsque le monde de celui qui la subit s'effondre. Quand l'amour n'aime plus, quand l'espérance n'espère plus, quand la confiance ne croit plus, quelle épreuve. L'épreuve enfin, c'est la peine et l'angoisse que vivent ceux dont un proche est éprouvé, malade, perdu de vue, incarcéré, violenté.

Chronos, ou le temps-espace

L'épreuve bouleverse notre rapport au temps. Dans la fluidité du quotidien, le temps coule, et nous le laissons faire. Nos montres et autres objets connectés se règlent eux-mêmes, nous organisons notre temps en fonction des agendas des uns et des autres. Nous vivons le temps

chronologique, du grec chronos, ce temps qui est une forme d'espace, mesurable, évaluable, quantifiable. Ce temps court, et l'on se souvient des Grecs qui disaient volontiers que Chronos est un dieu qui mange ses enfants. Parce qu'il est ainsi objectivé par des instruments de mesure, nous vivons ce temps-espace en commun et pouvons, via doodle ou autre, prendre des rendez-vous et, ô miracle, nous retrouver.

Lors de l'épreuve, ce temps calendaire est comme troué, rompu, marqué au feu. Celle qui s'est un jour cassé la jambe au ski peut se souvenir des années durant qu'elle est tombée un 6 février, en 2012. Celui qui a appris un diagnostic grave se souvient du 16 décembre 2001 comme si c'était hier. En effet, l'épreuve marque un avant et un après. Celui qui a été arrêté sait bien que c'était un 14 octobre que la police est arrivé chez lui. Les uns et les autres sont en effet arrêtés. Arrêtés dans le temps. Et les « maisons d'arrêt » témoignent de cette chute. En effet, l'épreuve est une chute. On tombe malade, de même que l'on tombe en prison, disent volontiers les personnes détenues. On tombe amoureux aussi, ou enceinte, autres manières de rompre le flux du temps chronologique.

Crisis, ou le temps du tri

Cette chute provoque une crise, et là encore, les Anciens grecs viennent nous éclairer : la crise, crisis, est une sorte de jugement, une instance qui permet de faire du tri entre les éléments. Indéniablement, la crise provoquée par l'épreuve oblige l'éprouvé à pratiquer ce tri. Celle qui s'est cassé la jambe au ski va devoir rééquilibrer son agenda pendant quelques mois, annuler tel rendez-vous secondaire et maintenir tel autre important. Celui qui a été hospitalisé après un infarctus alors qu'il est encore jeune va peut-être s'interroger sur son mode de vie et choisir de privilégier sa famille au dépend de son travail (ou choisir de ne rien changer). Quoi qu'il en soit, la question se pose : qu'est-ce qui tient bon et qu'est-ce qui est vain ? Qu'est-ce que je veux, qu'est-ce que je peux ? Celui qui est en prison va assez vite se poser des questions essentielles : Qui dois-je prévenir en premier ? Sur qui puis-je compter ? Qui va venir me voir ? Qui peut m'aider financièrement ?

Kairos, ou l'occasion

Cette crise va dévoiler une autre figure du temps, que les Grecs appelaient le kairos, l'occasion, le temps favorable. C'est un temps qui se saisit, ou se perd. Hippocrate expliquait à ses jeunes confrères que dans le chronos, le médecin doit saisir le kairos pour soigner son patient. Manière de dire que tout temps n'est pas toujours favorable. Si j'appelle en consultation à la prison une femme pendant qu'elle a un parloir, évidemment, elle ne viendra pas. Si l'aumônier de l'hôpital passe à l'heure de la sieste, il n'est pas sûr que ce soit le meilleur moment. Alors que le temps chronologique était mesurable, l'occasion relève non plus de la science mais de l'art et de l'intuition. La Bible, et spécialement les Évangiles, montrent au contraire que pour le Christ tout instant du temps chronologique peut devenir une heure favorable. Manière de dire que même si l'épreuve est insensée, et Dieu sait qu'elle peut l'être et rudement, la vie d'un homme reste sensée, car aimable, quoi qu'il lui soit arrivé, quoi qu'il ait fait. Il me semble que pour travailler en prison, il faut croire cela, quelles que soient nos appartenances confessionnelles : la vie d'un homme vaut en soi, quoi qu'il lui soit arrivé. Toujours, il peut y avoir des occasions favorables à saisir ensemble, tant il est vrai que le kairos est lié à la relation, à l'entre-nous qui nous fait ensemble plus grands que nous-mêmes. La bonne présence à l'autre, c'est la saisie du kairos, de l'occasion favorable. Alors le temps passe plus vite, quand celui qu'on attendait est là, enfin.

La saisie de l'occasion est une manière de retourner le destin. Celui qui est incarcéré peut – parfois – profiter de la prison pour apprendre une langue nouvelle, pour se soigner, pour lire. Celui qui est malade peut – parfois – découvrir combien il compte pour son entourage, et demander de l'aide sans crainte. Ces minuscules victoires permettent de tenir bon.

24 HEURES SUR 24 ET 7 JOURS SUR 7

Aux États-Unis, la recherche militaire s'intéresse de très près à un certain oiseau migrateur, le bruant à gorge blanche. Sa particularité : pouvoir voler plusieurs jours d'affilée sans dormir. Les scientifiques qui l'étudient rêvent de façonner, demain, des soldats insomniaques, mais aussi, après-demain, des travailleurs et des consommateurs sans sommeil. « *Open 24/7* » : tel est le mot d'ordre du capitalisme contemporain. C'est l'idéal d'une vie sans pause, active à toute heure du jour et de la nuit, dans une sorte d'état d'insomnie globale. Cet essai expose ce processus de grignotage du temps : où l'on apprend qu'un adulte américain dort aujourd'hui 6 heures et demie par nuit en moyenne, contre 8 heures pour la génération précédente, et 10 heures au début du XXe siècle. Si personne ne peut réellement travailler, consommer, jouer, bloguer ou chatter en continu 24 heures sur 24, aucun moment de la vie n'est plus désormais exempt de telles sollicitations. Cet état continuel de frénésie connectée érode la trame de la vie quotidienne et, avec elle, les conditions de l'action politique.

Jonathan Crary, 24/7, *Le capitalisme à l'assaut du sommeil*, La Découverte, Zones, (2014)

La durée intérieure, ou le temps véritable

En effet, l'épreuve déploie une dernière figure du temps, peut-être la plus difficile : la durée intérieure. Nous avons tous fait cette expérience : le temps passe vite lorsque l'on est passionné par ce qu'on fait, et lentement quand on est dans un bouchon, ou coincés dans un train de banlieue qui n'avance pas. Il en va de même pour celui qui est éprouvé. Pour qui est contraint de vivre dans un lit d'hôpital ou dans une cellule de prison, le temps passe moins vite que pour qui est libre de ses mouvements. Pâtir rime souvent avec patience, contrainte et forcée. Ce sentiment de durée ne se mesure pas.

Olivier Rey m'a fait un jour prendre conscience d'un aspect très important du rapport au temps dans l'épreuve. De même que la théorie de la relativité nous a fait réaliser que l'on pouvait expliquer le monde aussi bien sous forme d'ondes que sous forme de particules, alors que ces deux théories, toutes deux exactes, ne sont pas compatibles l'une avec l'autre, de même le monde des personnes mobiles et celui des personnes immobiles présentent des caractéristiques semblables. Si vous êtes mobile dans un monde stable, vous allez décrire ce qui vous entoure sous forme de coordonnées dans l'espace : « la machine à café est à droite en sortant dans le couloir ». En revanche, si vous êtes immobilisés, dans une cellule de prison ou un lit d'hôpital, vous allez décrire le monde sous forme de fréquence : « L'infirmière passe trois fois dans la journée ». « Ma mère vient me voir au parloir tous les samedi ». Ces deux manières de faire sont toutes deux exactes, mais peut-être qu'elles dévoilent que le monde des immobilisés n'est pas tout à fait le même que le monde des personnes mobiles !

Trouver son rythme propre

Le sentiment de la durée intérieure, différent pour les uns et les autres, augmente cette étrangeté des uns pour les autres. Le Robinson de Michel Tournier illustre cela à merveille (*Vendredi ou les Limbes du Pacifique*, 1967). Alors qu'il vient de s'échouer dans l'île, première épreuve, majeure, Robinson commence par paniquer. Le temps ne passe pas, il est étouffé par cette immobilité du temps, et s'enfonce dans un marais, au risque d'en mourir. Puis il décide de vivre, sans trop savoir pourquoi. Alors il s'organise, se met à cultiver l'île, devient chef d'entreprise, arraisonne et la terre et le temps. C'est le règne du temps chronologique. C'est à ce moment-là qu'apparaît Vendredi, qui vient un peu désorganiser tout cela, mais Robinson requiert Vendredi pour travailler à l'île, jusqu'à ce que le dépôt de poudre qui restait du bateau, qu'il avait rangé avec les récoltes issues de son travail, explose. Crise. Ce n'est qu'après cette seconde épreuve que Robinson va enfin se mettre à vivre au rythme de Vendredi. La durée intérieure de l'un et de l'autre s'accorde enfin avec le tempo de l'île. Pourtant, alors qu'un bateau passe à l'horizon, Vendredi s'en va, pour rejoindre le bateau, la civilisation, le temps chronologique, alors que Robinson choisit de rester seul. Il a trouvé son rythme propre.

Accueillir le temps de l'autre

En prison, mes collègues et moi avons pour habitude de dire aux personnes qui viennent d'arriver : « La prison, c'est comme un naufrage. Ceux qui survivent, ce sont ceux qui s'organisent ! ». En effet, le bouleversement du temps induit par l'épreuve peut faire vaciller les plus forts. Robinson a raison : pour apprivoiser le temps, il faut peut-être passer par cette phase très terre à terre et reprendre la main sur le temps. Rester vivant, quand on est malade, c'est parfois passer la matinée à se laver puis se reposer, penser à préparer le repas de midi, mettre en route une lessive, et ranger un peu sa maison. Vivre, demi-jour par demi-jour. Rien de bien édifiant, en somme. Mais ainsi le temps passe, et la durée intérieure ne se réduit plus à ce que Nietzsche appelait « le piquet de l'instant ».

L'étrangeté induite par l'épreuve qui bouleverse notre rapport au temps peut conduire à un sentiment d'exil. L'éprouvé est un exilé de l'existence. Il est contraint de vivre comme un étranger sur la terre, étranger pour les autres, étranger pour lui-même, dans un monde qui lui est devenu opaque, voire hostile. Entendre que le temps n'est pas vécu de la même façon pour les uns et pour les autres, c'est peut-être le début de l'hospitalité. •

Ad vitam æternam

Aurons-nous le temps de vivre ?

« Abraham était vieux, sa vie était très avancée, et le Seigneur l'avait béni en toute chose. » (Genèse, 24,1)

L'espérance de vie pourrait être une promesse d'éternité. Nous en avons fait une donnée démographique neutre et désenchantée. L'éternité appartient-elle au passé ?

Par Ambroise TOURNYOL DU CLOS
Professeur d'Histoire-Géographie

LONGUE VIE !

La vie longue est toujours dans la Bible le signe d'une bénédiction divine. Les patriarches en ont fait l'expérience et Noé nous toise encore du haut de ses neuf cents ans, dévaluant par avance nos modestes performances contemporaines, cantonnées à la centaine. Et l'expression elle-même, « espérance de vie », n'hérite-t-elle pas de la deuxième vertu théologale, celle qui conduit à désirer l'éternité en Dieu et « qui garantit demain à aujourd'hui et ce soir et ce midi à ce matin et la vie à la vie et l'éternité même au temps » (Charles Péguy, *Le Porche du mystère de la deuxième vertu*, 1911).

Pourtant, par un de ces *hold-up* sémantiques dont notre époque a le secret, l'espérance de vie, désormais affranchie de toute signification religieuse, est censée ne plus fournir qu'un repère démographique neutre. Fixant la moyenne de l'âge ultime atteint par une population donnée sur un territoire donné, cette probabilité calculée à partir de la mortalité du moment, fonde l'assurance matérialiste de nos pays développées et sécularisés. Les progrès de l'espérance de vie sont devenus l'un des *totems* les plus sérieux de nos sociétés postmodernes.

Là où l'emphase biblique ouvrait une promesse d'éternité, la technique rabat nos désirs à l'extension somme toute modeste des limites physiques de la vie : que vaut une dizaine d'années de sursis au regard des cent quarante années supplémentaires offertes à Job ? Et, tandis que l'extension de la vie appelait la louange dans l'Ancien Testament, notre inquiétude augmente à mesure que nos perspectives de vieillissement s'élargissent. Qu'allons-nous faire de cette vie qui s'allonge ?

UNE VIE DE PLUS EN PLUS LONGUE

Commençons par reconnaître les progrès historiques spectaculaires de l'espérance de vie. Dans les sociétés occidentales, la vie s'est allongée de façon inédite ces deux derniers siècles grâce aux progrès de l'hygiène, à la révolution pasteurienne, à l'amélioration générale des conditions de vie, aux 70 ans de paix qui nous séparent de la Seconde guerre mondiale, à la sensibilité redoublée de nos sociétés contemporaines face aux risques de toutes sortes (recul de la mortalité infantile, sécurité routière, prévention des cancers et maladies cardio-vasculaires…).

Au milieu du XVIIIe siècle, la moitié des enfants de notre pays mouraient avant l'âge de 10 ans et l'espérance de vie ne dépassait pas 25 ans. Dans la France de 2017, les décès d'enfants deviennent de plus en plus rares (0,4% des enfants de moins d'un an contre 15% en 1900), les hommes peuvent espérer vivre jusqu'à 79 ans, les femmes jusqu'à 85 ans. Et la probable longévité qui nous est offerte, quoique désormais en stagnation, augmentait ces dernières années de 6h par jour, de trois mois par an (Jean-Marie Robine, démographe et directeur de recherche à l'Inserm).

À la conquête de vies multiples, le héros de *La Peau de Chagrin* éteint en lui la seule vie dont il disposait vraiment

UNE ESPÉRANCE À GÉOGRAPHIE VARIABLE

L'espérance de vie est cependant à géographie variable. Ses écarts reflètent étroitement les inégalités de développement de part et d'autre du monde et semblent contredire l'universalité de la promesse biblique. En Afrique subsaharienne, malgré les progrès significatifs des cinquante dernières années (36 ans en 1950), l'espérance de vie est environ d'une trentaine d'années inférieure à celle des pays occidentaux. Le Tchad et la Centrafrique oscillent autour de 50 ans, tandis qu'au Japon, en Suisse ou à Singapour, la moyenne se situe à 83 ans.

Réduite à l'étroitesse des conditions physiques de la vie, l'espérance de vie porte pourtant avec elle un certain nombre d'inquiétudes. Dans les sociétés occidentales en effet, les progrès de l'espérance de vie se conjuguent très souvent avec le déclin démographique. Une fécondité basse, inférieure au seuil de renouvellement des générations (2,1 enfants par femme en âge d'avoir des enfants) jointe aux progrès de l'espérance de vie conduisent au vieillissement accéléré des populations concernées. Le Japon et l'Allemagne s'inquiètent à juste titre des conséquences économiques du vieillissement (raréfaction de la main d'oeuvre, poids des cotisations sociales pour le financement des retraites). La bénédiction ne va plus de soi.

VIE ÉCLATÉE OU VIE ÉTERNELLE ?

La perspective de la mort ayant été largement repoussée, les progrès de l'espérance de vie nous placent face à l'alternative suivante : des vies multiples dans les limites que nous ménagent la science et le progrès ou le désir à nouveau aiguisé de l'éternité qui s'offre à nous. D'une part donc, le prestige de vies nouvelles et parallèles, conjuguant mobilité sociale, conjugale, et professionnelle et par lesquelles nous réaliserions les virtualités de l'existence avant que celle-ci ne s'annule en son terme. Changer de job, de femme, de ville, pour s'éclater, littéralement. La vie en miettes. La leçon de *La Peau de Chagrin* serait ainsi passée par pertes et profits : « *Si tu me possèdes, tu posséderas tout. Mais ta vie m'appartiendra. Dieu l'a voulu ainsi ; Désire, et tes désirs seront accomplis. Mais règle tes souhaits sur ta vie. Elle est là. A chaque vouloir je décroîtrai comme tes jours. Me veux-tu ?* » À la conquête de vies multiples, le héros de Balzac éteint en lui la seule vie dont il disposait vraiment.

À moins que l'extension de l'espérance de vie soit vécue, à nouveau, comme une promesse d'éternité. Nous plaidons pour que la formule démographique ne soit pas laissée en pâture aux illusions juvéniles du transhumanisme triomphant mais réinvestie, en toute rigueur scientifique et religieuse, de sa dimension métaphysique. Et l'élargissement de nos jours, loin de nous assurer que nous sommes désormais à nous-mêmes notre propre providence, pourrait nourrir une gratitude nouvelle qui fasse écho à la confiance récompensée d'Abraham. « *L'homme est le seul animal qui sait qu'il mourra*, écrit Gustave Thibon dans *L'Ignorance étoilée* (1974). *Et c'est aussi le seul qui agisse comme s'il ne devait jamais mourir. Son esprit l'élève au-dessus du présent mais non au-dessus du temps. Et la conversion consiste pour lui à se détourner de l'illusion du perpétuel pour retrouver la réalité de l'éternel.* » •

L'INFOGRAPHIE

QU'AS-TU FAIT DE TON TEMPS ?

Par
Gaultier BÈS

Illustré par
Victor CARPENTIER

Si depuis 1930, le temps de travail moyen des occidentaux a diminué d'un tiers, le temps consacré aux loisirs, contrairement à ce que l'on croit, n'a pas augmenté d'un iota. La cause ? Une augmentation spectaculaire du temps consacré au travail scolaire, aux transports et aux tâches domestiques.

TRAVAIL ET LOISIRS

LES JEUNES PASSENT 3 FOIS PLUS DE TEMPS À L'ÉCOLE

LES TRANSPORTS OCCUPENT 10% DU TEMPS DE TRAVAIL QUOTIDIEN

PRESQUE UNE HEURE PAR JOUR POUR LES FRANÇAIS (56 MINUTES)

LE TEMPS CONSACRÉ AUX TÂCHES DOMESTIQUES A AUGMENTÉ DE 70 HEURES PAR AN DEPUIS UN SIÈCLE :

L'OCCIDENTAL MOYEN A AUJOURD'HUI LE MÊME STANDING QU'UN GRAND BOURGEOIS DU XIXÈME SIÈCLE... LES DOMESTIQUES EN MOINS !

LES 16-30 ANS PASSENT 2,2H PAR JOUR SUR LEUR SMARTPHONE

LES CADRES PASSENT 5H30 PAR JOUR À CONSULTER LEURS MAILS

LES FOYERS FRANÇAIS CONSACRENT 3H47 PAR JOUR À REGARDER LA TV

LES FRANÇAIS CONSACRENT EN MOYENNE 2H15 AUX TÂCHES DOMESTIQUES (COURSES, LINGE, MÉNAGE...)

AVEC DE FORTES DISPARITÉS SELON LE SEXE

CONVIVIALITÉ ET RÉSEAUX ASOCIAUX

1 FRANÇAIS SUR 10 N'A QUE 3 VRAIES CONVERSATIONS PAR AN

SOIT UN ÉCHANGE TOUS LES 122 JOURS...

A CONTRARIO, LES FRANÇAIS CONSACRENT EN MOYENNE 1H20 PAR JOUR AUX RÉSEAUX SOCIAUX.

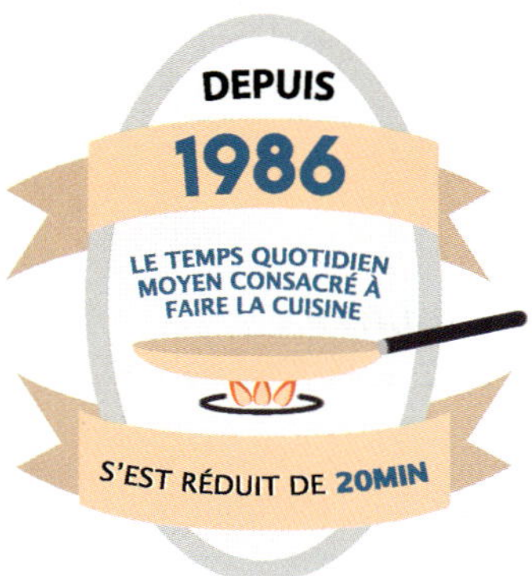

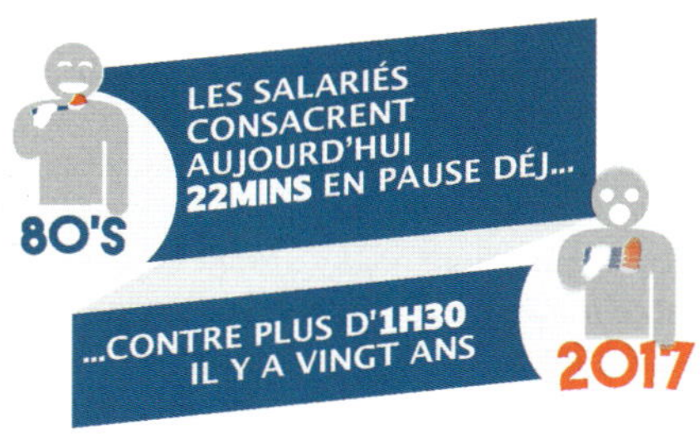

Simon.— Quel voile ? C'était la mort qui barrait l'avenir. Nous avons abattu ce mur.

Amanda.— Abattu un mur ? Peut-être... il faut le croire. Mais si vous aviez muré une porte ?

Gustave Thibon,
Vous serez comme des dieux (1959)
Pièce-essai du philosophe postulant un monde
où des scientifiques auraient rendus les hommes immortels.

Tempo des champs

Il ne sert à rien de tirer sur l'épi pour le faire grandir plus vite. Au siècle des pressés, il revient au paysan de rappeler au monde le goût des choses et le rythme des saisons.

Le petit dernier vient d'avoir dix-huit ans. Pour fêter l'évènement, son grand-père l'emmène près de l'étang où il faisait jadis boire ses vaches. Ensemble, ils creusent et plantent dans la terre humide un arbuste, petit peuplier d'1,50m qui regarde déjà vers le ciel. Un travail à quatre mains, celles du jeune et celles du vieux, qui s'unissent pour un moment que tous les deux savent sacré.

Ils sont loin aujourd'hui les dix-huit ans. Le grand-père a cassé sa pelle depuis longtemps. Derrière la ferme, près de l'étang, le peuplier croît toujours. On ne le distingue désormais qu'à peine de ses congénères, plantés avant lui pour d'autres anniversaires, par d'autres générations. C'est bien une tradition de terriens que de charger les arbres de témoigner pour eux de leur passage ici-bas. De planter pour ceux qui viennent après, en s'abandonnant au temps qui fait grandir les plantes et les enfants. Tel est d'ailleurs le credo paysan : travailler la terre en se pliant au rythme des saisons. Confier aux semaines qui passent le soin de compléter l'ouvrage des mains. Accepter l'idée qu'une partie de l'acte de production ne nous appartient pas et découvrir, caché derrière les connaissances agronomiques, la part du mystère.

La cerise appartient à l'été

« Le temps travaille plus que les gens », dit le dicton. Mais il est dans la nature de l'homme de vouloir tout maîtriser. La science lui donne aujourd'hui les moyens de faire cracher la terre plus qu'elle ne le peut naturellement. De produire en quantité toute l'année grâce aux « fermes verticales » ou aux « fraises en container », dernière mode de l'agriculture urbaine parisienne. Navires et avions charrient le reste, figeant les couleurs de nos étals de janvier à décembre, sans soucis de l'origine. L'abondance qui voudrait pallier la piètre qualité et rendre obsolète le principe de saisonnalité… Soixante années de grande consommation au tempo des villes nous on fait oublier que dans nos contrées, la cerise appartient à l'été, le raisin à l'automne, le poireau à l'hiver et les asperges au printemps. La loi des champs a été abrogée par les caprices du consommateur pressé qui veut tout, tout le temps. Et le commerçant, trop heureux de commercer, s'est plié à ses exigences, devenant le seul maître des cahiers des charges. L'industrialisation des processus de production a terminé le travail. Qui se souvient que les fromages ont, eux aussi, leurs saisons ?

On pourrait lister les méfaits sociaux et environnementaux de ces pratiques. On oublierait encore un plus grand crime, qui est d'ôter le plaisir de l'attente des produits de la terre, et celui de leurs retrouvailles. « Par des chants et par des danses, le paysan célèbre l'heureuse récolte et la liqueur de Bacchus conclut la joie par le sommeil ». Ainsi Vivaldi décrit l'automne dans ses sonnets des Quatre Saisons. Une œuvre voulue pour mettre « l'harmonie à l'épreuve de l'invention », selon l'auteur. C'est-à-dire associer la liberté de l'interprétation au cadre de l'écriture. Voilà une belle allégorie du travail agricole, qui trouve sa dignité dans sa soumission à la loi naturelle. L'honneur du paysan est d'écrire son histoire sur la partition inflexible des saisons, et de s'en faire le chantre auprès des foules déracinées. « L'agriculture est la base de la culture », répétait Maurice Béjart… ●

Par
Joseph GYNT
Journaliste pour la presse agricole, co-fondateur des Cahiers Libres. Membre de la rédaction de *Limite*.

VOL SUR LA VILLE

La ville n'a rien d'un paradis pour les oiseaux : c'est un milieu très contraint, mais qui peut les accueillir à condition d'y veiller avec soin.

Non, il n'y a pas que des pigeons et des moineaux dans nos rues ! Rien qu'à Paris on dénombre 60 espèces d'oiseaux sauvages se reproduisant librement – sans compter les bois de Boulogne et de Vincennes. Et plus de 80 espèces à Lyon. Ici, trois espèces différentes de Goélands, là quatre espèces de Pics. Et les mésanges, et les pouillots… Et les Rapaces diurnes et nocturnes… Mais où se cachent donc tous ces hôtes invisibles ?

Pour les observer, il faut ouvrir ses sens. A travers le vacarme ambiant, les oiseaux vocalisent pour se tailler un territoire et attirer leur dulcinée. On peut grouper les oiseaux qui se reproduisent en ville en plusieurs groupes. Il y a d'abord « les espèces du bâti », qui se perchent et nichent sur nos immeubles, comme le Rougequeue noir, habit suie et queue carotte, et que vous retrouverez en montagne, chantant dans les rochers au milieu des alpages. Mais aussi le Moineau domestique ou le Martinet noir, petit arc volant qui d'avril à juillet pousse des cris stridents en tournoyant autour des toits. A ne pas confondre avec l'hirondelle !

Il y a ensuite les les piafs plutôt sylvestres, qui vont utiliser les arbres : l'Accenteur mouchet, le Troglodyte, mais aussi le Pic épeiche, le Pic vert et bien d'autres oiseaux « des bois ». Plus une ville est « verte », plus ce groupe abondera et enrichira la biodiversité.

On trouve aussi des espèces « généralistes » comme la Mésange charbonnière ou le Merle noir, et des « opportunistes », comme les goélands ou la Mouette rieuse. Présentes sur les quais de juillet à mars, elles quittent la ville au printemps pour se reproduire, non pas en bord de mer comme on le croit souvent, mais en eau douce : boucles de la Marne, étangs de la Dombes ou plaine de Feurs. De moins en moins farouches, elles se mêlent aisément aux pigeons et aux corneilles pour profiter de nos restes.

Dernier groupe d'oiseaux visibles en ville, plus rare : les bocagers. Fauvette grisette, Rossignol philomèle, Hypolaïs polyglotte profitent parfois d'une friche urbaine pour se croire en pleine campagne.

Pour les oiseaux, la ville est un perpétuel défi. Elle exige d'eux un effort d'adaptation énorme pour conserver les clés de la survie : nourriture et site de nidification. Le milieu urbain changeant sans cesse, la survie d'une espèce peut se trouver compromise. Il y a cent ans, alouettes et cochevis régnaient dans nos rues où ils se nourrissaient dans… le crottin de cheval ! Aujourd'hui, même les moineaux peinent à trouver quelque trou où élever leurs jeunes, au point que des nichoirs deviennent vitaux à leur survie. Les hirondelles, hélas, ont souvent quasi disparu de nos grandes villes, faute d'insectes et de boue pour construire leur nid. On peut y remédier en partie par des nids artificiels. La survie des herbes folles et l'entretien sans pesticides sont tout aussi vitaux pour les verdiers, pinsons et autres chardonnerets.

Où et comment voir ces merveilles ? Choisissez donc, tout au long du printemps, les premières heures du jour. Dès février, le merle lancera ses trilles du haut du toit. Puis ce sera la ritournelle du Rougequeue noir, à partir de mars, et les jacassements des goélands. Cette petite phrase aiguë qui annonce le printemps dans le square, c'est l'Accenteur mouchet… Guettez semaine après semaine les nouveaux venus, jusqu'à l'arrivée, fin avril, des Martinets noirs qui cabrioleront dans le ciel une bonne part de l'été. L'automne venu, vous retrouverez le Rougegorge, et peut-être les mésanges qui ont niché sous les tuiles viendront-elles honorer votre mangeoire. •

Par
Geoffroy SAILLARD
&
Johannes HERRMANN

POUR ALLER PLUS LOIN :
Oiseaux nicheurs de Paris, un atlas urbain, CORIF – LPO, 2010
Les corbeaux ont-ils une cervelle d'oiseau ?, documentaire de Susan Fleming, Arte et CBC, Canada, 2009.

Solan la magnifique

Une liturgie cosmique

Venue du monastère de Simonos Petra au Mont Athos, une communauté de religieuses orthodoxes, s'est installée à Solan, dans le Gard, en 1992. La communauté s'est alors formée au travail de la terre, avec Pierre Rabhi comme guide.

Texte et photographies de Mayeul JAMIN

Une fondation provençale

La première impression lorsque l'on passe la porte du monastère est celle d'une paisible effervescence. En quelques minutes, on croise des ouvriers travaillant sur le parvis d'une église en construction, deux prêtres cheveux longs noués et barbe au vent en train de passer le râteau au jardin, des religieuses entièrement vêtues de noir s'affairant entre les ateliers de transformation, trois jeunes tailleurs de pierre burin à la main et cigarette à la bouche et plusieurs retraitants donnant un coup de main au jardin. Tout cela dans le calme de ce mas soigneusement restauré, avec son mobilier en bois très simple, ses icônes accrochées aux murs, où, immédiatement, l'on se sent bien.

D'abord installée au monastère de Saint-Antoine dans le Vercors, la communauté féminine vivait sobrement de petits artisanats. En 1992, le monastère étant devenu trop petit pour accueillir les nouvelles vocations, les moniales se sont installées à Solan, non loin d'Uzès, dans cette grande ferme provençale en ruine. Au milieu d'un domaine de soixante hectares, c'est tout naturellement que ces contemplatives se lancent dans l'agriculture biologique. Mais on ne s'improvise pas paysan : à cause de leur manque de formation, la situation financière du monastère se détériore rapidement. Les sœurs vivent dans des conditions pénibles, l'argent ne rentre pas. Elles hésitent alors à arrêter, mais un ami sensible à leur démarche fait appel à Pierre Rabhi, pionnier de l'agroécologie, qui accepte de venir les conseiller depuis son Ardèche voisine. En découvrant le domaine, il propose de faire avec la communauté un inventaire de ce qui existe déjà et de ce qu'il y aurait à améliorer. Fortes de ce nouveau soutien, les moniales reprennent possession des terres et redressent doucement la situation.

Soigner la Création

En prenant en compte les bois, les différentes constructions et certaines zones inaccessibles ou volontairement laissées à l'état naturel (points d'eau et zones humides notamment), le père Silouane estime à douze hectares les terres cultivables. Les anciennes vignes sont petit à petit remplacées par des cépages de meilleure qualité. Herbe, paillage et engrais verts viennent habiller et vivifier la terre nue. Entre les rangs de vignes pousse désormais un mélange de moutarde, de trèfle et d'orge, qui sera couché à terre lorsque les pousses faibliront pour servir de paillage. Certaines plantes, dont le trèfle, se ressèment d'elles-mêmes pendant quelques années, évitant d'y revenir trop souvent. Le paillage, quant à lui, utilisé également sur les parcelles maraîchères, consiste à recouvrir la terre de paille : il limite les herbes indésirables, garde l'humidité et régénère la terre par le compostage de la paille.

Les sœurs ont banni le labour conventionnel qui, en retournant la terre jusqu'à quarante centimètres, mélange

et fait remonter des couches ne pouvant voir le jour sans dommages. A Solan, la terre est retournée le moins possible et sur une profondeur de cinq à dix centimètres maximum, avant d'être paillée le plus rapidement possible. Plusieurs vergers ont également été plantés : cerisiers, abricotiers, oliviers, mûriers, pêchers, pruniers, pommiers, etc. Pour la vigne comme pour les vergers, il faut entre trois et cinq ans pour que les premières récoltes soient abondantes : la vision doit être à long terme. Un système de goutte-à-goutte permet d'irriguer les légumes et les arbres en continu sans gâcher d'eau pendant les grosses chaleurs de l'été. A l'avenir, des haies seront plantées dans les parcelles maraîchères pour augmenter les interactions entre les plantes et casser le vent. Des buttes de permaculture seront progressivement créées et une réflexion est en cours sur l'installation d'animaux pour le travail des terres (traction animale, fumier, écobuage, etc.). Autant que possible, les bâtiments sont restaurés et construits de manière écologique, combinant les méthodes traditionnelles de construction en pierre, bois et terre et les matériaux tels que la paille et le liège pour l'isolation. Un forage a été effectué pour amener l'eau de source et le chauffage se fait grâce à une chaudière à bois déchiqueté.

Ora et labora

« L'idéal serait de travailler un peu à la façon du Bec-Hellouin, entièrement à la main, reconnaît le Père Théotokis, mais ce sont des contraintes en plus. Nous devons prendre en compte nos limites pour que le travail ne prenne pas le pas sur la prière. » Car le but des moniales est avant tout de chercher, par leur prière et leur unité de vie, à se rapprocher de Dieu en œuvrant pour sa gloire. Cela se concrétise par des offices rythmant la journée de travail et la Divine Liturgie célébrée quatre fois par semaine par le père Silouane. Les offices, semblables à ceux dits dans les monastères catholiques, ont néanmoins été groupés par deux pour permettre une meilleure répartition du temps de travail. S'il a été décidé en communauté que la langue liturgique serait le français, les offices sont récités selon la tradition de l'Eglise orthodoxe de Constantinople, tels qu'ils sont dits dans leur monastère fondateur de Simonos Petra au Mont Athos.

La démarche écologique de la communauté est intimement liée à sa foi, la Création étant un cadeau de Dieu dont l'Homme fait partie et tient une place particulière au cœur de celle-ci. C'est en effet comme intendant de la Création que Dieu a placé l'homme sur terre. Toutes les créatures ayant été créées dans le but ultime de la louange de Dieu, il est inconcevable pour un chrétien de les défigurer. La terre permet à la communauté de se nourrir et d'atteindre une certaine autonomie financière. Les temps de travail, comme les temps d'étude ou les offices, sont des moments consacrés à la prière et à la contemplation. Dans la mesure du possible, le silence est conservé, sauf si le travail ou l'hospitalité rendent nécessaire l'usage de la parole, car

La démarche écologique de la communauté est intimement liée à sa foi, la Création étant un cadeau de Dieu dont l'Homme fait partie et tient une place particulière au cœur de celle-ci

l'hospitalité est également une des vocations du monastère, qui voit dans chaque personne accueillie la personne du Christ, devant être traitée comme telle.

Œuvrer à la conversion écologique

Sur la société actuelle, les sœurs posent un regard plein d'amour, mais lucide : cette société est profondément malade spirituellement, ce qui entraine irrémédiablement des dégâts sur la Création. L'argent-roi, la recherche permanente du profit induisent beaucoup de précipitation et de bruit, limitant la possibilité de vie intérieure et anéantissant à terme la recherche de Dieu et du Bien Commun.

Outre les nombreuses rencontres œcuméniques vécues par la communauté, les rapports du monastère avec le milieu écologiste sont riches. D'abord, avec un certain nombre de paysans ou de professionnels, mais aussi avec des associations telles que « Terre & Humanisme », « Les Colibris », « WWF », etc. Les sœurs sont également présentes sur des marchés et foires bio et reçoivent très régulièrement des stagiaires, notamment par les réseaux du WWOOFing. Les liens avec le voisinage sont aujourd'hui très bons, en grande partie grâce aux stands du monastère dans les marchés locaux.

Une sœur témoigne que l'encyclique Laudato Si a été pour le monastère un bel encouragement et une profonde source de joie : « Nous sommes très reconnaissantes envers le Pape François ! Non seulement parce que sa voix a manifestement fait évoluer la position des catholiques sur l'écologie, mais elle a également été très forte en-dehors du monde chrétien. Beaucoup de personnes disaient que les chrétiens avaient abandonné la Création. Plus personne ne peut le dire aujourd'hui ! ».

Tout le temps devant Lui

A l'écart du monde, les moines ? Oui et non : dans le monde, mais pas du monde, ils cherchent surtout à mieux vivre le temps donné par Dieu, à sanctifier chaque instant en le passant avec le Créateur. « Vu du monastère, explique le père Théotokis, il n'y a pas ces dichotomies qui sont de l'ordre de la mondanité, action-contemplation, travail-vacances, par exemple. Pour un moine, il y a du travail et des vacances tous les jours ! C'est pareil pour la question « tradition – modernité » : dans un monastère, il y a une Tradition vivante, c'est tout, celle du Christ. La modernité, c'est le monde qui nous entoure, les gens, les voitures, la carrière de pierre qui est en face, qu'on n'aime pas mais qu'on accepte. Quand j'ai appris qu'il y aurait cette industrie juste à côté du monastère, j'ai fait mon signe de croix en me disant que je n'étais pas mécontent que nous aussi, les moines, nous supportions avec tous les gens du monde les misères de notre époque. » Gageons que tous ceux qui passeront à Solan, ou dans un autre monastère, goûteront, eux aussi, la grâce d'un temps réconcilié, où l'éternité se fait jour. ●

L'antique façon de prendre son temps

Par Jérôme GUILLEVIC
Agrégé de Lettres classiques

Comme chaque matin, Publius est contraint de se lever à la première heure du jour, gêné dans son sommeil par la lumière du soleil de junuis et par la rumeur grandissante de la Ville… Petite plongée dans le quotidien d'un Romain.

UN TEMPS ÉLASTIQUE

Nous nous représenterions sûrement mal la vision élastique du temps des Anciens, et qui a été celle de bien des civilisations avant que ne s'impose le découpage, mécanique et régulier, d'une journée tranchée en vingt-quatre séquences égales. Publius vit au rythme des douze heures romaines, la première commençant avec le lever du soleil, et la dernière s'achevant sur son coucher. À l'approche du solstice, la journée antique dure donc seize de nos heures modernes ; elle se rétrécira de moitié au plus fort du mois de december, ne laissant que huit heures d'activité aux peuples de la Méditerranée.

À Rome et dans les grandes villes de l'Empire, la majorité des masses plébéiennes souffre d'un chômage endémique

Publius a de la chance ; membre de la classe aisée de la société romaine – les chevaliers – et vivant dans la plus grande des cités du monde du Ier siècle, il sait son sort plus doux que celui des pagani, les habitants des villages qui parsèment l'Europe romaine et forment la majorité de sa population. Il lui arrive de les rencontrer lorsqu'il se retire de la vie publique pour quelques semaines de repos dans sa villa toscane. Là, il a pu voir des plébéiens occupés dès le lever du jour au travaux des champs changer de rythme de vie une fois l'hiver venu, faute de lumière ou de récoltes à entretenir. À Rome et dans les grandes villes de l'Empire, la majorité des masses plébéiennes souffre d'un chômage endémique. Beaucoup de leurs aïeux avaient fui des campagnes Italiennes où les latifundia, d'immenses propriétés agricoles possédées par les élites patriciennes, avaient grignoté parcelle après parcelle les petites exploitations familiales. Le développement du commerce des esclaves permis par l'essor des conquêtes — César avait fait par exemple déporter des centaines de milliers de Gaulois — favorisait un modèle économique d'exportations massives dirigées vers le monde méditerranéen au profit des patriciens. L'esclave agricole, corvéable à merci, peu cher et dépourvu de droits, avait ainsi poussé d'importantes populations à l'exode rural vers les grandes cités, où elles venaient gonfler les rangs des désœuvrés.

PANEM ET CIRCENSES

Publius avait lu Suétone, Tite Live et Tacite. Il savait que ces bouleversements sociaux avaient eu leur importance au moment de la chute de la république romaine. Faute de pouvoir leur offrir un travail, les démagogues romains, comme les orateurs athéniens quatre siècles plus tôt, promettaient un retour à un âge d'or perdu, ou désignaient des membres de la société comme les ennemis à abattre, qu'ils soient des privilégiés ou des métèques. Les différents empereurs romains qui s'étaient succédé après la chute de la république étaient parvenus à maintenir un certain équilibre dans ce chaos social. Alors qu'il se rendait au forum, Publius vit ainsi des groupes de citoyens pauvres se diriger vers les quais de Rome où leur serait reversé l'annone, une distribution de blé égyptien aux frais de l'État qui avait pour but de calmer la faim populaire. Nourrir les plus pauvres et distraire les foules désœuvrées par des jeux : c'était une des fonctions de l'État et de son incarnation, l'empereur en personne.

Ces pensées occupaient l'esprit de Publius pendant qu'il progressait vers la place du forum. Levé avec le soleil, il avait reçu ses principaux clients pendant qu'un de ses esclaves le rasait ; quelques fruits, une galette et de l'huile l'avaient nourri en prévision de sa journée de travail au tribunal. On le tira de ses pensées en l'interpellant sur les marches de la basilique :

— Ave Publius ! Ton discours est-il prêt ?

— Ave Lucius ! Tu es donc venu ? J'aurais parié que tu serais encore en train de cuver ton vin… N'es-tu plus de ceux qui se reposent le jour et vivent la nuit ?

— Racontars ! J'ai laissé tomber ces orgies depuis longtemps ; ce n'était pas très bon pour ma carrière.

— Et où étais-tu alors ces dernières semaines ?

— Je me suis retiré à Naples pour profiter de l'air de la Grande Grèce et retrouver l'inspiration. J'ai pris le temps de me replonger dans les enseignements de Cicéron et, crois-moi, le juge ne laissera pas cette fois ton client s'en tirer à si bon compte !

BAINS ET BANQUET

Le travail intellectuel était un des moteurs de la vie civique et l'attribut des classes les plus aisées de la société antique. Publius et Lucius avaient tous deux suivi la même formation, dès sept ans, à la rhétorique et à l'éloquence. Il était difficile pour un plébéien d'obtenir leur niveau d'éducation : les formations d'élite coûtaient cher et nécessitaient du temps, temps que beaucoup consacraient à apprendre le métier de leurs parents. Publius et Lucius, eux, étaient devenus des avocats appréciés ; leur talent oratoire et leur connaissance des lois, acquis au prix d'une quinzaine d'années d'entraînement, leur attiraient des clients et la faveur des juges. Ils envisageaient tous deux désormais de profiter de cette renommée naissante et de leur argent pour briguer de plus hautes fonctions.

La septième heure du jour (14h en été) surprit les deux adversaires au moment où ils allaient se détendre aux bains publics. Véritables complexes de loisirs, alliant pour les plus grands salles d'eau, tables de massage, gymnases et lieux de détente, les bains étaient le rendez-vous quotidien de toute la cité, toutes classes confondues. Marqueurs de civilisation pour les Romains, ils étaient autant un outil d'hygiène qu'un indice de raffinement qui faisait de Rome le symbole d'une société tournée vers le bien-être de ses citoyens. La pire peine judiciaire après la mort était d'ailleurs l'exil hors de la capitale…

— Et que feras-tu ce soir, après les bains, Publius ? J'invite un de mes amis sénateurs à un symposium, un banquet. Te dirait-il d'en être ?

Publius n'hésita pas longtemps ; après avoir passé l'après-midi aux bains à discuter procès et politique avec son adversaire, il était tentant de prendre un peu de bon temps, ce soir, en compagnie du monde patricien et de ses mets délicats. •

Plus vite !

La vie moderne est une constante accélération : accélération technique, sociale et individuelle. Jamais auparavant les moyens permettant de « gagner du temps » n'avaient atteint pareil niveau de développement, grâce aux technologies de production et de communication ; pourtant, jamais l'impression de manquer de temps n'a été si répandue. Dans toutes les sociétés occidentales, les individus souffrent toujours plus du manque de temps et ont le sentiment de devoir courir toujours plus vite, non pas pour atteindre un objectif mais simplement pour rester sur place. Ils font face au sans pouvoir l'habiter, sans parvenir à se l'approprier. Marx et Engels affirmaient déjà que le capitalisme contient intrinsèquement une tendance à « volatiser tout ce qui est solide et bien établi ». H. Rosa propose, lui, une véritable « *critique sociale du temps* » : « *À mesure que les pentes se font de plus en plus raides, c'est-à-dire qu'augmentent les rythmes du changement, les promesses de l'accélération sont peu à peu remplacées, à un niveau individuel et politique, par les contraintes de l'adaptation.* » « *Désormais la politique n'agit plus mais doit se contenter de réagir aux exigences de la situation : elle est contrainte de se plier aux impératifs dictés par le système le plus rapide.* »

Hartmut Rosa, *Aliénation et accélération, Vers une théorie critique de la modernité tardive*, La Découverte, (2012)

pages dirigées par Camille DALMAS

Culture

Camille DALMAS

Marc DEKEISTER

Grégoire FERRI

Salomé BLONDEAU

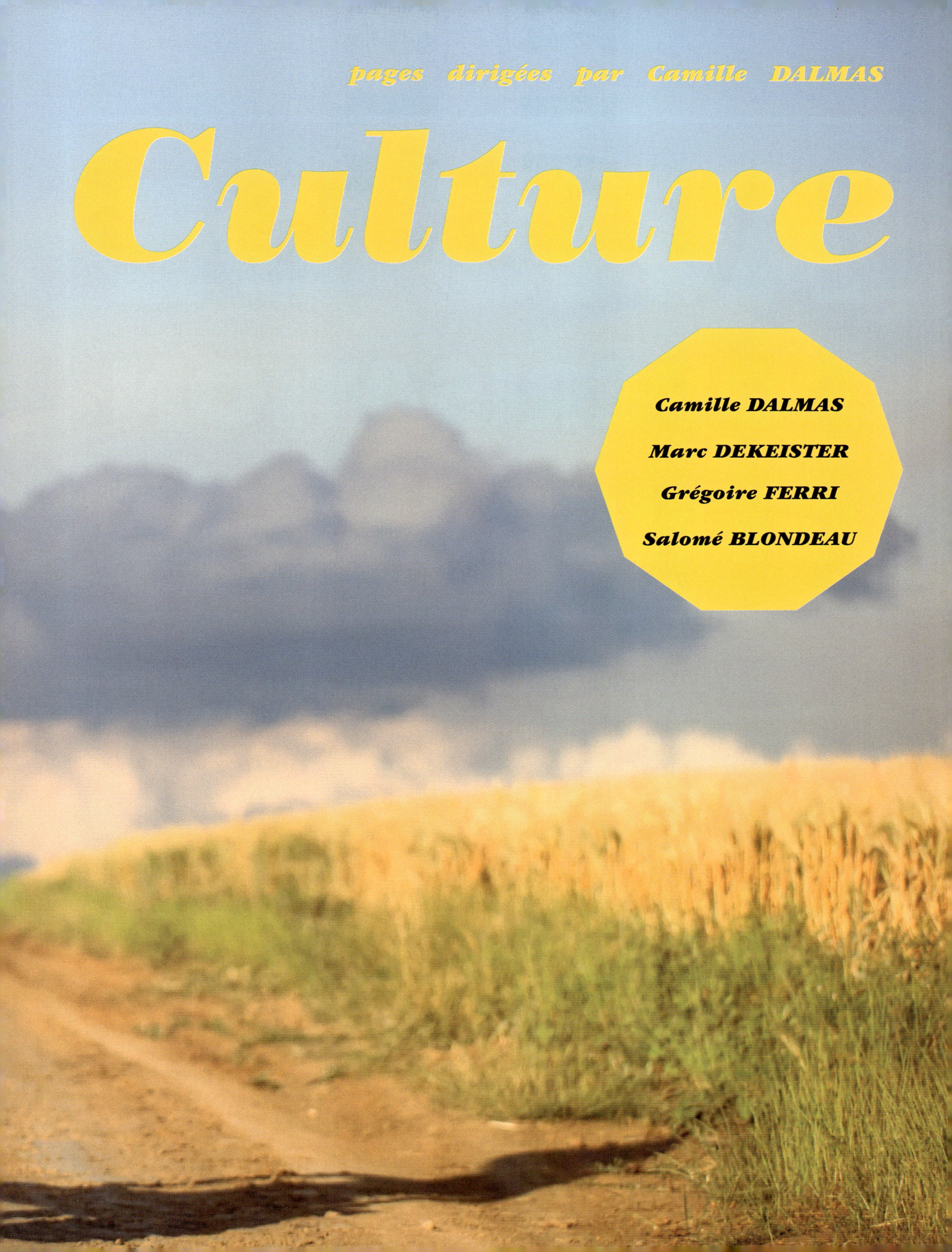

AVIS DE POPÉRISATION GÉNÉRALISÉE

La pop culture serait la version « contestataire » de la culture populaire. Voire, pour certains, son adaptation à la modernité. Mais la culture pop est peut-être surtout la confirmation de la triste phrase de Malraux : « Il n'y a plus d'art populaire parce qu'il n'y a plus de peuple. »

Par
Camille DALMAS
Journaliste,
Rédacteur en chef
Culture de *Limite*

Dans le « Prélude sur le théâtre » qui précède *Faust*, un directeur de théâtre, un poète et un bouffon se débattent pour savoir quelle attitude adopter face à un public qui ne s'intéresse pas aux arts. Le directeur veut de la nouveauté et de l'action pour remplir son établissement. Le poète défend l'universalité de son art, peu importe la réception immédiate. Vient alors le bouffon qui propose un étonnant compromis pour séduire le parterre ignorant : « *Il leur faut une glace, et non une peinture. / Qu'ils viennent tous les soirs y mirer leur figure* ».

Ce miroir tendu par le bouffon, prince de la farce (et donc digne représentant de ce qu'il se joue de plus populaire sur les planches) nous offre certainement la meilleure définition de ce que nous appelons aujourd'hui culture quand nous la prétendons populaire : une malicieuse mise en scène, sur laquelle le rideau ne tombe plus. Partout la culture à ses défenseurs de la « réappropriation » par le peuple. Et n'entend-on pas tout le temps que l'artiste contemporain n'est plus qu'un « médiateur »?

Deux « courants » ont revendiqué une culture tournée vers le peuple : afin de glorifier sa qualité de peuple d'une part, de l'autre pour en exalter le nombre. Le premier est le plus souvent désigné aujourd'hui sous le nom de propagande ou de culture populiste, avec pour idée que parler du peuple sans en être (ou plutôt avoir l'air d'en être) est interdit. Face à cette option, l'Occident a conçu un golem autrement plus néfaste : *la pop culture*.

Entendons-nous, ce n'est pas ce qui entre dans le champ de la pop culture qui est ici dénoncé. Le problème est la « distinction », pour reprendre Bourdieu, que suppose le terme de Pop, qu'on retrouve dès son origine dans le Pop Art anglais et américain. Avec le Pop Art, l'art et la culture sont partis en sucette. Littéralement.

Avec le Pop Art, l'art et la culture sont partis en sucette

Dans un de ses collages de 1956, le graphiste Richard Hamilton met dans les mains d'un bodybuildeur une de ces friandises à bâtonnet sur laquelle il inscrit en police publicitaire « Pop ». Le mouvement est lancé. L'Anglais demande un art « populaire, éphémère, jetable, bon marché, produit en masse, spirituel, sexy, plein d'astuces, fascinant et qui rapporte gros ». En décrivant une démarche artistique, il codifie les principes fondateurs du marketing contemporain. Aux Etats-Unis, Warhol comprend aussi qu'il y a de la place à l'ombre des buildings. Il se met à produire à la chaîne et nomme son atelier la Factory. Le marché de l'art s'emballe pour cet art du marché, tout cela n'en finira plus de s'envoler.

Derrière le Pop-Art vient la pop-culture, plus ou moins fidèle à ces principes. Mais ce n'est pas grave. Lasch a bien montré que même en tant que contre-culture, la pop culture libérale l'emporte toujours.

OPA sur le peuple

Au cœur de ce merveilleux supermarché culturel, la société de consommation qui peut se gargariser d'avoir trouvé un musée dans lequel elle arrive à faire rentrer les masses – et, exploit, en les faisant payer ! Mais attention ! Il est interdit de critiquer la galerie des ordures qu'on nous expose sous les yeux : « Et quoi encore ? Mais c'est la culture du peuple ! »

L'OPA est complète. La culture populaire devient la culture majoritairement diffusée, selon les règles sacro-saintes du marché. Tout doit y passer. Le bouffon du *Faust* avait pourtant bien expliqué la chose : il ne s'agit pas de culture populaire mais de culture spéculaire. Car si Warhol encadre et trafique la conserve de soupe que consomment les pauvres, ce « tableau » vendu à un prix indécent est-il pour autant au peuple ? Simone Weil affirmait que « la plus belle poésie est celle qui est celle capable d'exprimer, dans sa vérité, la vie des gens qui ne peuvent pas écrire de poésie ». Warhol n'écrit pas pour le peuple, il vend au peuple sa propre production mal-écrite.

Et tout le monde applaudit, et tout le monde achète. Et tant pis si c'est bien souvent la même soupe commerciale qu'on nous ressert en changeant les colorants et additifs, puis en collant l'étiquette « pop » comme on colle bio sur tout et n'importe quoi, on doit applaudir, au nom du peuple.

La culture populaire est impersonnelle

Le problème dans cette histoire est que par définition la culture populaire, contrairement à la culture (et donc *la culture pop*), ne se possède pas. Elle n'est ni l'âme d'une collectivité, ni l'expression médiane de l'addition d'individualités. Bien au contraire, elle est proprement impersonnelle. Impersonnelle dans le sens où Simone Weil l'emploie dans *La Personne et le Sacré* pour définir ce qui en l'homme dépasse toute institution, ce qui est éminemment plus haut et plus vrai dans son existence. La culture populaire est impersonnelle comme le sont nos légendes, ballades, rhapsodes, chansons de gestes ou à boire, ou encore ces drôles de contes qu'on invente au pied du lit. Nul ne peux dire où elle va.

La « popérisation » de notre culture n'est donc pas qu'une contrefaçon du peuple. Elle est aussi une atteinte à ce qui, au delà de la foule, de la masse, est vraiment sacré : leur anonymat. ●

Marc Dekeister

Ces formes chimiques et ces couleurs sont déjà dans la photo, et mon travail est de découvrir où elles sont cachées

Propos recueillis par Camille DALMAS

Muni de son seul *Polaroid*, Marc Dekeister photographie les tableaux des grands maîtres flamands ou Italiens, des monuments parisiens, des intérieurs d'appartement. Grâce à une étonnante, il décompose et recompose les couleurs sur le film qu'il manipule comme un tableau, rappelant que la photo est aussi une alchimie de couleurs et qu'il y a toujours un peu de peintre dans celui qui d'un clic dessine un cadre dans la réalité.

Pourquoi travailler avec un Polaroid quand on a à disposition des appareils numériques très précis, avec beaucoup de fonctionnalités qui facilitent grandement le travail du photographe ?

La réponse est a priori assez simple : j'ai soixante ans ! À mes débuts, le numérique et tout le matériel informatique n'étaient pas du tout répandus, voire inexistants. Et je n'ai pas commencé par faire des photographies, mais comme dessinateur. Ce travail de dessinateur pouvait être très éprouvant, et demandait de la discipline et de l'abnégation : il y a quelques années, pour me détendre entre deux séances de dessin, je me suis donc acheté un *Polaroid*. À l'époque, tout le monde en avait un, parce qu'il faut le reconnaître : c'est un outil génial. C'est simple comme tout : on prend la photo, et le résultat est immédiat ! Évidemment, ce n'est jamais très propre. Mais dès le départ, j'aimais ce rapport à la photographie qui vous offrait immédiatement un original.

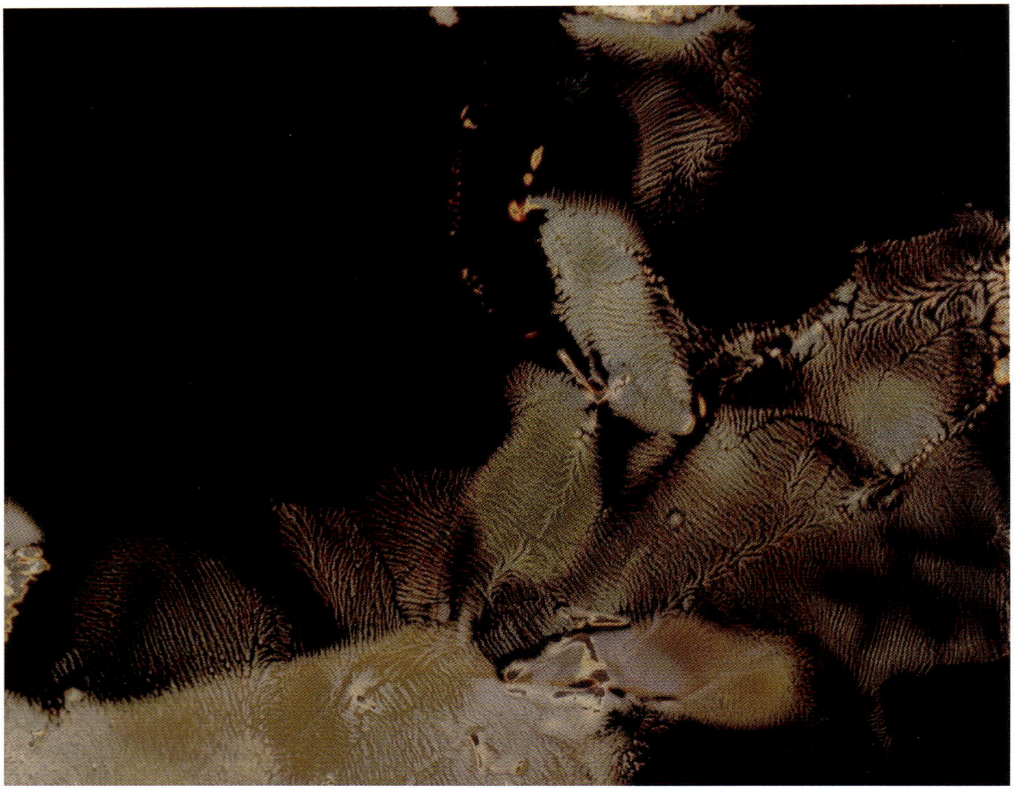

Et comment en es-tu arrivé à « corriger » tes photos de Polaroid ?

Déjà je n'avais pas d'ordinateur, et je ne touchais pas au numérique. Il faut savoir que quand on prend des photos avec un Polaroid, on fait inévitablement énormément de ratés ! Et je me suis donc retrouvé avec un énorme stock de ces « nuls » dont je ne savais que faire… En numérique, on aurait simplement supprimé la photo sur le disque dur, mais là c'est pas possible, il y avait cette présence de votre échec ! C'est à cause de cet entassement de polas ratés que j'ai commencé à tenter des trucs. J'ai fait ce qu'on ne doit jamais faire avec ce genre de films. Il y avait marqué « *ne pas ouvrir* » : j'ai ouvert, et la photo était comme coupée en deux, les couleurs se séparaient… Il y avait une part de surprise à chaque ouverture. Parfois la couleur restait sur le bon côté, et se répartissait sur l'autre. J'ai attaqué les couches avec des produits chimiques, de la soude… et après nombre d'essais, les résultats me sont parus de plus en plus probants. J'ai développé de nouvelles techniques. En mettant un fond noir derrière par exemple, toutes les couleurs qui restaient se mettaient à ressortir merveilleusement bien. Parfois j'en avais pas besoin. C'est une expérience presque contemplatrice, parce que la beauté du résultat avait toujours quelque chose à voir avec la surprise. J'ai rencontré *Madame Polaroïd France*, qui m'a dit ne pas comprendre comment j'en arrivais à ce procédé avec ses films. J'ai trouvé un truc par hasard, et j'en suis encore surpris.

Si on prend la dernière génération de *Polaroid*, ce n'est plus possible de travailler ainsi. Ils ont changé la recette chimique des films. Quand on les ouvre, cela ne donne rien, c'est même un peu grotesque.

Un grand nombre de tes polaroids les plus réussis sont des photographies d'œuvres classiques. Pourquoi prendre ces œuvres d'arts comme modèle plutôt que des paysages ou des portraits ?

Cela vient de mon goût pour le dessin et la peinture. Je crois que cela se ressent au-delà des thèmes abordés, parce que les gens qui regardent mes grands tirages parlent le plus souvent de tableaux et non pas de photos. Et à l'inverse, on me dit que mes dessins ont quelque chose de photographique ! D'une certaine façon, ceux qui disent ça ont raison, parce que si en effet il y a photographie au départ, je viens ensuite travailler directement sur les couches de couleurs que l'on retrouve dans le film. Ce n'est pas du tout de la retouche comme on l'observe souvent dans le monde de la photographie. Et pour cause, je suis suffisamment occupé par mon travail de dessinateur qui demande précision, minutie etc. Toutes ces exigences que je dois avoir envers moi-même quand je dessine mes châteaux par exemple, c'est ce que je fuis depuis que j'ai commencé à travailler sur *Polaroid* !

Sur mes « tableaux » donc, chaque couche de couleur impose des formes quand on la retire, et réagit chimiquement à sa façon. Se révèle dans ce relief imperceptible plusieurs couches : du bleu, du rouge… et un blanc qui est vraiment incroyable parce qu'il ne s'agit pas du blanc d'un papier photo : c'est du vrai blanc, comme du talc, qui ne vieillit pas. Évidemment, ces manipulations sont assez techniques. Mais la condition pour tout cela, c'est malgré tout d'avoir de bonnes images, et d'avoir un peu de chance. Cette technique que j'ai découverte et que personne n'avait jamais inventé demande en fait beaucoup de persévérance.

Travailler à partir de bonnes photographies, ce n'est pas aussi le risque de gâcher un de tes films ?

Oui, et c'est pourquoi je ne les ouvre pas toutes ! J'en ai vendu beaucoup sans les ouvrir, parce qu'il n'y avait pas de nécessité de le faire. Le travail était déjà terminé. Mais c'est vrai que parfois je trafique un film et je le trafique tellement que je me retrouve avec plus rien ! Mais entre temps je peux la scanner au labo et il me reste ces témoignages des différentes étapes. Parfois, j'ai aussi des surprises avec le temps, avec des blancs cassés qui passent au rouge, et je peux alors scanner à nouveau pour enregistrer l'évolution. Un peu comme avec la gravure, on a une base et quantités de résultats à partir d'une seule photo. C'est pourquoi je pense que mon travail fascine autant les vrais professionnels de la photographie, car ma technique permet ces variations très atypiques sur la couleur.

Mais aujourd'hui, tu ne peux plus trafiquer tes photos, car on a arrêté la production des films d'ancienne génération qui te permettaient de le faire...

Et c'est une bonne chose, parce que je ne peux pas être copié ! Il y a en fait encore des stocks de films, mais la pâte qui est dans les films se dessèche avec les années. Après on peut faire des trucs avec, certainement... Moi je n'aime pas. Et avec les nouveaux modèles, je continue cependant de prendre des photos, que je ne « trafique » plus cependant. Le résultat produit ne me semble pas à la hauteur de ce que j'ai fait pour l'instant.

Un de tes travaux les plus intéressants est celui fait sur une photographie d'un retable...

Le retable d'Issenheim ! C'est déjà un modèle prodigieux, avec un Christ immense, plus grand que nature, qui ressort nettement sur son fond noir. Sur ma photo, le fond, après manipulation, est passé au bleu. Et c'est là où s'est opéré le miracle : quand j'ai dû travailler sur cette photo, en passant le doigt et en enlevant la couleur, la forme du crucifix est ressortie seule. Et il y avait la beauté de ce bleu qui n'existe pas sur le retable, mais qui est malgré tout dans le tableau, mélangé au sein des autres couleurs, et qui tout à coup était révélé.

Pourquoi ces thématiques classiques, cet hommage aux maîtres ?

Chez moi, j'avais toujours sous la main de beaux livres d'arts. Quand je voulais tester quelque chose, je me servais toujours d'eux comme modèles, et il en est allé de même quand j'ai voulu me mettre à la photographie. Je les ai photographiés - souvent volontairement de trop près pour m'attacher à un détail. Ces livres, je les récupère la plupart du temps chez mon cher ami Léo, bouquiniste spécialisé dans les livres d'art dont la boutique (à Paris dans le XIVe) pourrait peut-être fermer dans les années à venir. Cet endroit est une mine d'or. J'ai toujours vécu dans cette fréquentation des classiques, j'adore aller les voir dans les musées… Quand j'étais jeune, Léonard de Vinci était mon Dieu.

Mais je me suis rendu compte que ça ne servait pas à grand chose d'avoir ces clichés d'œuvres d'art. Qu'en faire ? Les afficher tels quels ? Ces clichés sont devenus intéressants une fois que je me suis mis à les trafiquer. Et c'est logique au fond parce que ma culture n'est pas photographique – même si je m'y connais – mais elle est au Louvre, c'est une culture des « classiques ». Je pense toujours mes photos comme des tableaux du Louvre. Et c'est ainsi que je me suis rendu compte que le problème de la photographie n'est pas à chercher dans le regard du photographe. Le problème, c'est qu'il faut accepter de voir dans un carré ou un rectangle — un cadre.

Et il y a aussi ces photos d'intérieur…

Oui j'ai fait beaucoup dans le triplex parisien d'un ami, un endroit incroyable, avec un incroyable escalier. Je le faisais poser lui, puis ses amis. J'en ai fais tout un livre, que je n'arrive pas pour l'instant à éditer.

Qu'est-ce que tu préfères au fond, tes polas ou tes dessins ?

Mes polas c'est autre chose, j'en suis plus fier, même si j'ai été décoré pour mes dessins ***[chevalier des Arts et des Lettres NDR]***. Et ce d'autant plus que maintenant c'est fini, j'en ai un nombre figé. Et cela a été l'occasion de très grandes découvertes, à commencer par la possibilité de faire de la retouche sans même prendre de photos, ce qui donne des polaroids abstraits. Ces formes chimiques et ces couleurs sont déjà dans la photo, et mon travail, c'est de découvrir où elles sont cachées. Je froisse, je trafique, et il y a des sortes de fougères colorées qui ressortent, qui poussent, des oxydations de vert, de marron… Et c'est étonnant, parce que techniquement, c'est de la photo sans lumière !

Huit excellents livres sur l'exploration

(destinations garanties sans touristes)

Par Camille DALMAS

1 Manuscrit trouvé à Saragosse, (1814)

Jean Potocki

Roman à tiroirs comme il n'en existe aucun autre, le Manuscrit trouvé à Saragosse raconte mille histoires qui gravitent autour d'une simple découverte, celui d'un manuscrit par un officier wallon en pleines guerres napoléoniennes. Il est envoyé en Espagne, et fait une rencontre sur un chemin de Sierra Morena. Écrit en français par un aristocrate polonais, ces Mille et unes nuits européennes du XVIIIe siècle sont époustouflantes.

2 Moravagine, (1926)

Blaise Cendrars

Il fuit un hôpital psychiatrique en Suisse, complote avec des anarchistes dans une Russie en pleine révolution, se laisse aller à une errance chamanique sur un affluent de l'Amazone et revient par un looping au-dessus de l'Europe des tranchées. Qui ? Moravagine, le tueur de femmes ! Le chef-d'œuvre du grand voyageur que fut Blaise Cendrars.

3 Les Villes invisibles, (1972)

Italo Calvino

En arrivant à la cour de Kubilai Khan, Marco Polo est pressé de raconter son voyage au khagan de la Horde d'Or. S'ensuit une description fascinante d'une multitude de villes fantastiques visitées sur la Route de la Soie. Mais pour Calvino, c'est aussi un merveilleux miroir de la modernité, à l'époque des grandes utopies urbanistiques de Le Corbusier.

4 La montagne de l'Âme, (1990)

Gao Xingjian

Roman encensé, nobélisé et aussitôt oublié par la critique, La montagne de l'Âme est une des plus étranges épopées contemporaines qui soient. Bâti sur des vestiges encore branlants de la Révolution Culturelle, cerné par les fumerolles et les tertres d'estampes qui masquent le terrain à prospecter, le roman de Gao Xingjian raconte la quête d'identité d'une Chine schizophrène qui cherche à retrouver au milieu d'elle-même ce qui fait son âme.

5 Han d'Islande, (1823)

Victor Hugo

Premier envol romantique du Poète, *Han d'Islande* est un roman naïf et biscornu, comme le sont souvent nos fantaisies contemporaines. Le jeune Victor Hugo, sous le nom d'Ordener, entreprend la poursuite du brigand Han qui a enlevé le trésor et la princesse de son royaume. Elle le mène au bout de cette recherche exaltante de l'héroïsme, au cœur des territoires magiques des Sögur. « *Avant que j'y tombe, les étoiles tomberont !* »

6 L'Île au trésor, (1883)

Robert-Louis Stevenson

L'Île au trésor est très certainement le patron idéal de tout bon roman d'aventure, et une démonstration de ce qu'écrire avec « *une âme d'enfant* » signifiait pour l'auteur ; une relecture adulte de ce roman de notre jeunesse s'avère ainsi toujours surprenante en ce que rien de la magie qui entoure le trésor du Capitaine Flint ne se révèle gâté par les ans. « *– Nous étions quinze sur le coffre à l'homme mort, – Yo-ho-ho ! et une bouteille de rhum !* »

7 Nostromo, (1904)

Joseph Conrad

Dans un pays d'Amérique du Sud fictif nommé Costaguana, Charles Gould, propriétaire d'une mine d'argent, doit faire face à l'irruption d'une révolution brutale dans sa République. Il lie alors son destin à celui d'un capitaine des dockers, un Italien nommé Nostromo. Un être exceptionnel qui va tenter d'affronter son destin.

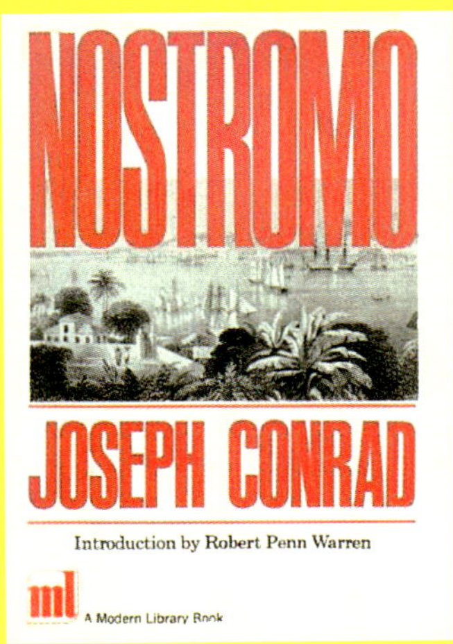

8 Le Testament d'un excentrique, (1899)

Jules Verne

William J. Hypperbone meurt et laisse un étrange testament à ses camarades de l'Excentric Club de Chicago : celui qui remportera la partie de jeu de l'oie qu'il a organisé mettra la main sur sa fortune. Un jeu de l'oie particulier toutefois : chaque membre du club est un pion et le plateau est l'Amérique !

Le singe de Lord Farrington

Une nouvelle de
Camille DALMAS
Illustrée par
Nicolas PINET

— Messieurs, j'ai rendez-vous au Olde Cheshire Cheese avec un ami. Il raffole des eugénistes de votre espèce, je vous le présenterai prochainement.

L'homme qui venait de parler, une montagne charnue farcie d'ale, de Stilton, de sherry, de ragoûts fumants au lard et de tout ce que la gastronomie londonienne a de plus pittoresque culbuta comme une grosse meule de foin en essayant de se lever, et fit grincer son fauteuil sur le parquet du club.

— Enfin, Hilaire, vous ne pouvez pas nous quitter maintenant.Adam devait vous présenter son essai sur la corruption de la race anglaise en milieu agricole et j'étais moi-même sur le point de vous raconter l'histoire de Lord Farrington, le célèbre explorateur…

Alistair Hough, un grand homme sec à la chevelure plus romanesque et poétique que son existence de banquier à la City, semblait sincèrement déçu - en tout cas bien plus que le troisième comparse, un dénommé Adam Jill, célèbre directeur du *Greenwich Chronicles*, le journal « sans Dieu et sans faille ! ».

— Vous m'en voyez navré chers messieurs, mais je ne comprends pas grand chose à vos idées saugrenues de race anglaise ! Et je n'ai jamais entendu parler de ce Lord Farrington...

— Damnations ! Mais vous ne suivez donc jamais les nouvelles, mon cher Hilaire ! dit le banquier, sincèrement interloqué.Farrington,cela ne vous dit donc rien ? Le grand explorateur qui est mort tragiquement il y a moins d'une semaine ? L'aventurier toujours accompagné de Charles, son babouin ? Non ? Mais enfin, le découvreur des sources du Nil Vert, l'ami des primates ! Et que dire de ses conférences - si bien fréquentées - au Muséum !

— Nous lui avons rendu un éloge mortuaire des plus dignes dans nos colonnes, grogna Jill, qui semblait jusqu'alors à demi-endormi. Un grand homme.

— L'ami que je m'en vais retrouver vous dirait que c'est l'essence du journalisme contemporain : vous apprendre la mort d'un certain Lord Machin-Truc dont vous ne connaissiez pas l'existence jusque-là. Vous me raconterez cela la semaine prochaine, chers amis !

Il enfila son énorme pardessus puis se baissa exagérément en portant son chapeau à sa tête et sortit.

— Quel étrange personnage ! Et moi qui voulait absolument raconter cette histoire à quelqu'un…

La face rougeaude du journaliste s'anima, et il aspira une gorgée de son vin sans alcool que lui avait prescrit un professeur de Cambridge.

— Que savez-vous vraiment de cette histoire, mon cher Alistair ?

— Je ne le connais pas. Je suis déjà allé chez lui, sa maison est remplie d'étranges objets égyptiens, enfin, tout le monde sait cela à Londres. D'ailleurs, sa collection a été offerte au British Museum.

— Et pour ce qui est de son décès ?

— Il est mort d'une maladie inconnue. Sans doute une malaria fulgurante. On l'a retrouvé chez lui, son babouin fidèlement à ses côtés, le pleurant comme un frère…

— C'est ce que nous avons raconté dans le *Greenwich Chronicles*.

— Attendez, voulez-vous me faire comprendre que ce n'est pas tout ?

C'est l'essence du journalisme contemporain : vous apprendre la mort d'un certain Lord Machin-Truc dont vous ne connaissiez pas l'existence jusque-là

— C'est le moins que l'on puisse dire ! Mais je tiens à ce que vous compreniez bien qu'il s'agit là d'une affaire délicate…

— Je n'ai jamais commis de délit d'initié, ou du moins n'ai encore été pris ! Vous avez ma parole.

— Excellent. La sortie précipitée de notre camarade me permet de vous la conter.

— Comment ? Vous ne faites pas confiance à Hilaire ?

— Nullement. Son hostilité ignoble envers l'avant-garde scientifique que nous représentons l'aurait condamné à utiliser cette affaire à de bien mauvaises fins. Mais laissons Hilaire dans sa fange conservatrice et revenons à Lord Farrington. La première expédition de Lord Farrington l'avait mené en ancienne Nubie à la recherche de la pyramide de Thot, qui selon une mise en corrélation du chapitre numéro quatre du Necronomicon et des derniers travaux hydrographiques devait révéler l'emplacement précis de la source du Nil Jaune !

— Encore un nouveau Nil !

Adam Jill esquissa un sourire.

— Il faut diversifier ses sources, c'est le B.A.-B.A. du journalisme. L'expédition, lors de laquelle il ne trouva rien si ce n'est la mort de toute son équipe. Et elle eut été un désastre absolu s'il n'était pas revenu avec quelques histoires pittoresques et Charles, son hamadryas.

— Hamadryas ?

— C'est le nom scientifique du babouin de ces régions, vous savez, ce singe au museau de chien et au poil gris, reconnaissable à ses affreuses fesses roses. Il l'aurait découvert seul dans le désert, perché sur un rocher, à l'endroit même où le fameux temple aurait dû se dresser...

— Je m'en souviens ! À son retour il avait habillé ce drôle de babouin chez le meilleur tailleur de Saville Row. Et son nom, cet hommage à Darwin !

— Oui, Charles et Farrington, les meilleurs amis du monde ! Les journaux les surnommaient le « chaînon manquant ». À la suite de ce voyage, Farrington publia *Par delà l'espèce*, essai révolutionnaire dans lequel il prévoyait l'évolution rapide des babouins et notre cohabitation pacifique entre races fraternelles. Les sociétés de zoologie et d'anthropologie avaient presque hésité à fusionner à l'époque !

— Merveilleux programme. Et quelle main-d'œuvre excellente pour nos usines !

— Certes, certes. Mais le babouin n'a pas vu l'avenir radieux qui s'offrait à lui.

Jill s'essuya les tempes, l'affaire semblait lui tenir à cœur. Alistair Hough aspira une petite gorgée de brandy, et, sans que son visage exprimât le moindre sentiment demanda :

— Comment a-t-elle prit cela, la charmante bête ?

— Voyez-vous, Farrington n'est pas mort d'une maladie tropicale comme nous l'avons raconté. La vérité, c'est que son serviteur éthiopien l'a retrouvé allongé sur une immense dalle chargée de hiéroglyphes. Il était couvert de plaies béantes de la gorge jusqu'au ventre, une scène choquante.

— Choquante en effet !

— Mais ce n'est pas le pire. À ses pieds, il y a avait le petit costume de tweed du singe, déchiré. Et dominant la scène sur une colonne antique, assis sur son cul rouge, immobile comme une urne mortuaire, couvert du sang frais de son ami : l'effroyable Charles ! La vengeresse réincarnation de Thot !

— Diable !

FIN

Collection ***à la Limite***

RADICALISONS-NOUS!

Gaultier Bès

Préface de Jean-Pierre Raffin

Quand on veut noyer son chien, on l'accuse de la rage. En amalgamant toutes les formes de contestation radicales à l'extrémisme le plus brutal, la société du spectacle neutralise les véritables radicalités : islamistes ou décroissants, tous dans le même sac ! Ce faisant, elle nous empêche de changer d'imaginaire et de structures et organise le statu quo. Dans ce jeu de dupes, le citoyen n'est plus qu'un électeur, la démocratie qu'une grande surface. Et l'alternance étouffe l'alternative.

Ces variations sur la racine reprennent le problème à la base. Face au règne de l'artificiel et du superficiel qui nous plonge dans un monde hors-sol, aseptisé, elles réhabilitent l'enracinement. Face à une globalisation marchande qui menace nos cultures aussi bien que nos conditions d'existence, elles proposent une conversion radicale de nos modes de vie et de pensée. L'enracinement contre l'uberisation, la radicalité contre le désordre établi. Non pas pour revenir en arrière, mais pour continuer à vivre.

Gaultier Bès est co-fondateur de la revue *Limite*. Agrégé de français, il enseigne le Français à Dreux. Il est l'auteur de *Nos Limites, pour une écologie intégrale.*

disponible sur www.premierepartie.com et en librairies!

Fabrice Hadjadj

Nos Vies quotidiennes

Fabrice Hadjadj ne fait pas qu'écrire des essais ou des pièces de théâtre. Il aime également raconter des histoires et les mettre en musique. C'était d'ailleurs sa passion de jeunesse, avant que la philosophie et la littérature ne viennent le saisir. Aussi, revenant enfin à ses premières amours, il nous offre ce premier album de chansons où chacun pourra reconnaître le drôle de drame de sa vie quotidienne : du rêve d'une splendide vie antérieure au fait de devenir père, de notre emprisonnement dans le monde de la consommation et des gadgets électroniques à l'amour entre deux êtres impossible à justifier, de l'émerveillement devant les flamants roses à la célébration des toilettes comme dernier lieu de recueillement…

Fabrice Hadjadj accompagne ses mots sur des harmonies influencées par la bossa-nova, la soul et le jazz, avec des mélodies qui vont rester en tête. Entouré d'excellents musiciens en formation acoustique et live, on s'apercevra qu'il ne s'agit pas là du caprice d'un brillant philosophe en pleine crise de la quarantaine, mais de la découverte d'une nouvelle voix dans la chanson française.

disponible sur www.premierepartie.com

Contre les gros bonnets...
Faut s'abonner

Vous êtes plein d'alternatives !

MARGARET THATCHER AVAIT RAISON : ***IL N'Y A PAS D'ALTERNATIVE À LA COMPÉTITION GÉNÉRALE.*** NON, IL N'Y EN A PAS UNE, IL Y'EN A PLEIN. ET QUI MIEUX QU'UN LECTEUR DE ***LIMITE*** PEUT NOUS DONNER RAISON ? PORTRAIT DE LECTEURS QUI ONT PRIS LES CHEMIN DE TRAVERSES…

Quand l'engagement revêt le visage de la jeunesse

Éléonore a 22 ans et de l'énergie à revendre. Étudiante à l'université Paris Dauphine, elle se confie à *Limite* et nous fait partager sa soif d'engagement.

Par Salomé BLONDEAU
Étudiante à HEC
Secrétaire de direction de *Limite*

Quand on découvre sa joie de vivre et sa spontanéité, on ne s'étonne guère qu'elle ait grandi en Italie. Elle garde de doux souvenirs de son enfance à Rome, cette ville où l'histoire et la religion sont partout. « On croise des prêtres à chaque coin de rue. » Éléonore évoque aussi la foi des Italiens, une foi ancrée dans les mœurs qui se transmet d'abord par la famille. « Une fois, un parent d'élève avait demandé que le crucifix soit retiré du mur de l'école mais personne ne s'était résolu à le faire. »

Lectrice de la première heure de *Limite*, Éléonore a d'abord découvert le mouvement des *Veilleurs,* et par là Gaultier Bès, au moment de *la Manif pour Tous*. Ce qui lui a plu, c'est avant tout la ligne éditoriale originale. « Ça me paraissait tellement juste. Mon père m'a toujours incitée à questionner le libéralisme. Il y a trop peu de cathos antilibéraux. » Éléonore en est persuadée, « nous sommes une génération qui ne pourra pas se passer de l'engagement. » Durant deux étés, elle participe aux universités du père Grosjean *Acteurs d'Avenir* « non pas tant pour les intervenants que pour l'ambiance générale : n'ayez pas peur de vous salir les mains ! » Alors Éléonore n'hésite pas à se joindre aux manifestations contre la loi travail. « C'était une belle convergence des luttes. Les chrétiens avaient un mot à dire, en particulier sur la valeur du travail. »

Éléonore se préoccupe également d'écologie. Elle se refuse à en faire une question lointaine et incompréhensible. « Il s'agit d'abord et avant tout de ramener de la simplicité et de la justesse dans nos modes de vie. » Elle reconnaît, amusée, qu'il lui arrive d'acheter des produits bio et elle remplace volontiers les produits cosmétiques traditionnels par des eaux florales et des huiles naturelles. La vigilance doit cependant rester de mise puisqu'il faut résister à la tendance de l'époque qui consiste parfois à « s'acheter une bonne conscience un peu facilement », à grands coups de *greenwashing* et de capitalisme éthique et responsable.

L'engagement d'Éléonore est aussi dans sa volonté de devenir professeur de sciences politiques. Elle évoque le père Humbrecht, selon qui les catholiques ont trop délaissés les milieux de l'enseignement, du journalisme, de la culture. Elle cite Hugo : « La liberté commence où l'ignorance finit ». Éléonore veut transmettre et questionner, « J'ai été déçue lorsque je suis entrée à Dauphine par la prévalence de matières comme la comptabilité et la gestion. » Éléonore insiste pour terminer sur un message d'espérance en faisant référence à de Gaulle dont elle regrette la récupération politique permanente : « Puisque tout recommence toujours, ce que j'ai fait sera, tôt ou tard, source d'ardeurs nouvelles, après que j'aurai disparu ».